TOBIAS FREY

SALSA

EIN TANZ EROBERT DIE SCHWEIZ

Stämpfli Verlag

INHALT

EINLEITUNG
Mein Tanz mit Muisca — 4

DIE MUSIKPIONIERE
Das neue Delirium aus New York — 8
Wie Böbber den Salsa in die Schweiz brachte — 14
Willy Kotoun: Wir trommelten mit den besten Musikern — 19
In Pluderhosen nach Havanna — 22

DIE TANZPIONIERE
Im Club der Aussenseiter — 28
Doris Lindau: Ich sollte den Tanz in die Schweiz bringen — 34
Melanie Haller: Die lockere Hüfte faszinierte die Leute — 37

DAS GESCHÄFT MIT DEM SALSA
Aufstieg und Fall des Clubs El Cubanito — 42
Leonardo Franz: Die Tanzkurse waren pumpevoll — 47
Der kurze Goldrausch — 49
Das Märchen in der magischen Halle — 53

DIE TÄNZE
So bringt man Schweizern den Hüftschwung bei — 60
Die kubanischen Tänze und der Salsa — 65
Der Tanzkurs mit Muisca — 69
Wie ein Elvis Presley den Salsa neu erfand — 71
Die Salsatänze auf der Linie — 75
Eylem Elena Rodríguez: Ich tanze gerne auf der Bühne — 79

DIE PARTYS
Im Rausch der Pheromone	84
Juan Silva: Jede Szene bekam ihre eigene Musik	88
Peter Balmer: Ein guter DJ geht auf die Tänzer ein	91
Muisca und die gierigen Tänzer	94
José Cuentas: Heute will jeder eine Party machen	97
Im Darkroom der Salsaparty	100

DIE SALSAKONGRESSE
Wie Kongresse die Szene verkitten	108
Melanie Haller: An Kongressen fühlen sich Tänzer zu Hause	113

DIE VERLORENE KULTUR
Warum Tänzer die Konzerte ignorieren	118
André Buser: In unsere Band stecke ich viel Herzblut	122
Rodrigo Rodríguez: Die Schweiz ist kein Salsaland	125

DIE ROLLE DER LATINOS
Die Tanzszene braucht eine Etikette	130
Giovanni Cruze: Zwischen Latinos und Schweizern gibt es eine Kluft	135
Der letzte Tanz mit Muisca	138

Autor und Dank	141
Literatur	143
Impressum	144

EINLEITUNG

MEIN TANZ MIT MUISCA

Muisca lernte ich in einem Salsatanzkurs kennen. Sie kam aus Lateinamerika und lebte seit vielen Jahren in der Schweiz. Das erste Mal, dass wir zusammen ausgingen, besuchten wir ein Konzert einer Salsaband. Vom Konzert bekamen wir nicht viel mit, wir tanzten zusammen zuhinterst im Raum, bis die Musik aus war. Auf dem Nachhauseweg zum Bahnhof sagte sie nur: «Es ging gut mit uns beim Tanzen.» In der Folge gingen wir öfters zusammen an Partys tanzen, ins «X-tra» in Zürich oder ins «Gran Casino». Oder wir fuhren nach Vaduz im Fürstentum Liechtenstein an ein Konzert der Salsaband Mercadonegro.

Muisca war hübsch. Ihr Körper war fein gebaut, sie hatte dunkle, warme Mandelaugen und lange volle Haare. Die Haut war straff, mit einem bronzefarbenen Teint. Sie sprach nicht sehr fliessend Deutsch: Ich musste oft nachfragen, um zu verstehen, was sie meinte. Natürlich hiess Muisca nicht wirklich so. Aber der Name passte so gut zu ihr. Ihre Vorfahren waren Muisca-Indianer. Diese lebten in einer Hochebene der nördlichen Anden und versuchten ein Reich aufzubauen mit Handel, Gold und etwas Landwirtschaft. Im Gegensatz zu den kriegerischen Azteken in Mexiko waren die Muiscas ein friedfertiges Volk. Die spanischen Eroberer hatten ein leichtes Spiel. Mich nannte sie im Gegenzug etwas spöttisch den Helvetiker.

Wenige Wochen später küsste ich Muisca zum ersten Mal, als wir auswärts essen gingen. Es war ein kalter Tag im Dezember. Ich nahm sie auf der Strasse in meine Arme. Bald gingen wir ein bis zwei Mal in der Woche zusammen Salsa tanzen, kamen gegen zwei, drei Uhr morgens verschwitzt nach Hause. Dann duschten wir, assen ein Stück Fleisch oder eine Guacamole und tranken Rotwein. Wir liebten uns, schliefen kurz ein, standen wieder auf, redeten und tanzten. Oder umgekehrt. Manchmal, wenn wir die ganze Nacht durchgetanzt hatten, frühstückten wir um drei Uhr nachmittags. Die Nacht wurde zum Tag, der Tag zur Nacht. So verbrachten wir Wochenende für Wochenende. Es waren unsere Salsawochenenden, eine Traumwelt aus Tanz und Liebe. Meine bereits erwachsene Tochter schüttelte gelegentlich den Kopf. Auch Muisca sagte manchmal: «Wir sind verrückt.» Oder: «Wir sind addicted.»

Doch die Salsawelt war nicht nur ein Traum, sie entpuppte sich auch als schwierig für ein Paar wie wir. Störungen, Missverständnisse oder Eifersucht – immer wieder stellten sie uns ein Bein. Auch der Alltag hatte so wenig mit unserer Traumwelt zu tun. Wir stritten oft und weinten auch. Mehr als einmal packte Muisca ihre Taschen und ging weg. Wir beide kämpften dafür, dass wir überleben. Auch unseren Salsatraum. Vergeblich.

Muisca gab mir den Anstoss, dieses Buch zu schreiben. Es handelt davon, wie der Salsa in die Schweiz kam und unsere Seelen eroberte. Es handelt von unserer grössten Liebe.

DIE MUSIK-PIONIERE

DIE MUSIK-
PIONIERE

DIE MUSIKPIONIERE

DAS NEUE DELIRIUM AUS NEW YORK

Der Donnerstag, 26. August 1971, veränderte die Musikwelt. Im Nachtclub Cheetah an der 53. Strasse am Broadway im New Yorker Stadtteil Manhattan brodelte es. Rund 20 Latinomusiker heizten dem Publikum ein. Ein halbes Dutzend Perkussionisten legten einen unwiderstehlichen Teppich von komplexen Rhythmen, darüber setzten Bläsersätze ein, eine Querflöte, ein Klavier und mehrere Sänger. Eine gigantische Lichtshow mit Dutzenden von Lampen und Scheinwerfern stachelte die Stimmung zusätzlich an. Der Club war zum Bersten voll, 2000 Menschen hatten darin offiziell Platz. Augenzeugen sagen, es seien an jenem Abend doppelt so viele drin gewesen. Nicht nur den Musikern lief der Schweiss herunter, auch dem Publikum, darunter waren Latinos und Weisse. Sie drehten sich im Kreis, versuchten sich zur Musik zu bewegen, so gut es ging, klatschten und riefen. Ruhig stehen konnte man sowieso nicht zu diesen Rhythmen. Ein damals 17-jähriger Zeitzeuge aus Puerto Rico schrieb in seinen Blog: «Der Sound war unglaublich, elektrisierend, ein von Salsa ausgelöstes Delirium.»

Das Konzert im «Cheetah» gilt als Geburtsstunde der Salsamusik. Mit einem Schlag kam sie an die breite Öffentlichkeit. Klar, es hatte schon Jahre vorher kleinere Konzerte und Projekte gegeben. Die Musik war ja nicht neu: Der Salsa setzt sich zusammen aus verschiedenen bekannten Musikstilen aus Lateinamerika, vorwiegend dem kubanischen Mambo und dem Son, angereichert mit Elementen aus Puerto Rico oder Kolumbien, aber auch aus dem Jazz – ein sehr komplexes Gemisch. Ein Salsapromotor aus New York fasste die Musik einmal so zusammen: «Die Trommeln und der Grundrhythmus kommen aus Afrika, die Perkussionsinstrumente aus Lateinamerika, die Bläser aus New York, das Klavier aus Europa, und im Herzen spielt der Bass. Das ist Salsa.»

In New York lebten damals viele Migranten aus Lateinamerika. Sie brachten ihre eigene Musik mit und spielten sie auf der Strasse oder in kleinen Clubs. Vor allem die Musik mit kubanischen Wurzeln war verbreitet, denn bis vor der sozialistischen Revolution von Fidel Castro 1959 kamen viele Kubaner nach New York. Oft lebten die Latinos dort unter misslichen Bedingungen. Sie hatten meist schlechte Jobs und lebten in heruntergekommenen Quartieren. Die Kubaner und ihre Kultur gerieten nach der sozialistischen Revolution unter massiven Druck. Die USA erklärten das Land, das sie vorher als Ferienparadies genutzt und geliebt hatten, zum Erzfeind. Das bekamen auch die Kubaner, die in New York lebten, zu spüren. Die Latinobands sangen vom Elend und von der schlechten Akzeptanz, die sie erlitten, warben um die Solidarität unter den Latinos. Die deutsche Soziologin und Salsaexpertin Melanie Haller von der Universität Paderborn sagt: «Die Salsabewegung in New York hatte eine politische Bedeutung.» Für Migranten, die gesellschaftlich keine Anerkennung bekommen hätten, sei die Musik eine Möglichkeit gewesen, sich auszudrücken.

Doch erst der Auftritt im Cheetah-Club brachte den Salsa auf die grosse Bühne. Drahtzieher war das Plattenlabel Fania Records. Es hatte die besten Latinomusiker unter Vertrag genommen und mit ihnen ein eigentliches Firmenorchester gegründet; die Fania-All-Stars. Dazu gehörten Musiker, die später die Salsamusik weiterentwickelten und prägten; aus Puerto Rico der Sänger Héctor Lavoe oder der Posaunist Willy Colón, aus der Dominikanischen Republik der Flötist und Perkussionist Johnny Pacheco. Kerle mit Schnauz, wilden Haaren oder fetten Backenbärten. Vor allem Musiker aus Puerto Rico nahmen immer mehr Einfluss auf den Salsa. In den folgenden Jahren stiessen die kubanische Sängerin Celia Cruz dazu, die Königin des Salsa, und der Sänger Rubén Blades. Blades, der praktisch immer einen kleinen Hut aufhatte, ging in den 90er-Jahren zurück nach Panama und wurde dort Tourismusminister.

Fania Records machte aus dem ersten Salsakonzert im Cheetah-Club nicht nur ein Plattenalbum, sondern drehte auch einen Film dazu: «Our Latin Thing», er kam ein Jahr später in die Kinos. Er zeigt das Konzert der Musiker im Rampenlicht der Bühne, aber auch das ärmliche Leben in New Yorks Latinoquartieren: Strassenhandel, Kinder, die auf einem Baugerüst auf Blechbüchsen trommeln, einen Hahnenkampf in einer heruntergekommenen Gewerbehalle. Ein Jahr später erschien das zweite Livealbum aus dem Club, ein besseres, das die Welt eroberte. Am 23. August 1973 brachte Fania Records dann bereits über 40 000 Zuschauer ins Yankee Stadion in New York. Konzerte auf der ganzen Welt folgten, selbst in Afrika. Soziologin Melanie Haller: «Fania Records stellte fest, dass Salsa ein grosses Potential für den Mainstream hatte – und damit ein gutes Geschäft war.» Damit sei Fania Records später zu einem der grössten Multiplikatoren dieser Musik weltweit geworden. Die Schallplatte «Siembra» von Willy Colón und Rubén Blades aus dem Jahr 1978 verkaufte sich über drei Millionen Mal. Der Salsa verbreitete sich zuerst in Lateinamerika, in Venezuela, in Kolumbien und in Puerto Rico – dann kam der Sprung nach Europa.

Die Lieder hatten zu Beginn der Bewegung eine politische Botschaft. Im Song «Plástico» ruft Rubén Blades die Latinos in den USA zum Widerstand auf: «Hör zu, Latino, verkauf nie dein Schicksal für Gold oder Bequemlichkeit.» Oder er erinnerte sie an ihre Identität: «Seid stolz auf euer Erbe, Latino zu sein.» Willy Colón inszenierte auf dem Umschlag seines Albums «Cosa Nuestra» seine Posaune wie eine Maschinenpistole – Salsamusik als Waffe gegen soziale Ungerechtigkeit. Später verflachten die politischen Botschaften der Musiker. Heute handeln die Lieder vorwiegend von der Liebe oder von der Lust zu tanzen: «Bailamos!», lasst uns tanzen!

Umstritten ist, wie diese Musik zum Namen «Salsa» kam. Laut mehreren Quellen führte ihn der Manager von Fania Records ein, der italoamerikanische Anwalt Jerry Masucci – unter dem grossen Einfluss seines Grafikers, der für die Firma Plattenhüllen und Plakate gestaltete. Die «New York Times» zitierte Letzteren so: «Ich spürte, dass der Begriff ‹Latin Music› zu umfassend war für diese neue Musik aus New York. Es brauchte dafür einen eigenen Namen, wie ‹Jazz› oder ‹Disco›.» Es war ein gewiefter Schachzug: Denn der Begriff vernebelte, dass die Musik ursprünglich aus Kuba stammte. Das garantierte ihr im Westen einen besseren Erfolg. Viele waren damit allerdings nicht glücklich. Für manch einen Musiker war Salsa lediglich ein Weiterführen des kubanischen Mambo unter einer neuen Etikette. Ein berühmter Kritiker war der Perkussionist Tito Puente, New Yorker mit Wurzeln in Puerto Rico. Er trat mehrmals in der Schweiz auf und soll immer darauf gepocht haben: «Ich spiele Mambo, keinen Salsa.» Dennoch kommt die US-Tanzwissenschaftlerin Juliet McMains von der Universität Washington zu einem anderen Schluss: «Salsa ist nicht nur ein PR-Begriff, um rezyklierte kubanische Musik zu vermarkten.» Salsa habe sich zu einem eigenständigen Musikstil mit eigenen Gesetzmässigkeiten entwickelt. McMains untersuchte dessen Entwicklung in den USA während vieler Jahre. Musiker Willy Colón sagte einmal in einem Interview: «Salsa ist nicht nur ein Rhythmus. Salsa ist ein Konzept.» In der Tat ist Salsa explosiver und ungestümer als der traditionelle Son oder Mambo aus Kuba. Kein Wunder, fand die Musik aus New York rasch viele Anhänger – auch in der Schweiz.

PLÁSTICO

Salsaballade von Rubén Blades, Fania Records, 1978

Sie war ein Plastikmädchen,
eines von denen, die man so sieht.
Eines von denen, die Chanel No. 3
schwitzen, wenn sie sich bewegen.
Die davon träumen, einen Arzt
zu heiraten, weil sie sich dadurch
mehr leisten kann.
Sie sprechen mit niemandem,
der nicht ihresgleichen ist.
Sie sind hübsch, schlank,
gut angezogen.
Mit einem Blick, der ausweicht,
und einem falschen Lachen.

Er war ein Plastikjunge,
einer von denen, die man so sieht.
Immer den Kamm in der Hand
und ein Gesicht, das sagt:
Ich bin es nicht gewesen.
Einer von denen, die bevorzugt
darüber sprechen, welche
Automarke die beste ist.
Einer von denen, die es bevorzugen, nichts zu essen.
Wegen des Aussehens, das man
haben muss, um elegant zu sein
und so ein Plastikmädchen
aufreissen zu können.

Was für ein Fehler.

Sie waren ein Plastikpärchen,
eins von denen, die man so sieht.
Er denkt nur ans Geld,
sie an die Hochzeit in Paris.
Sie wollen scheinen, was sie nicht sind.
Leben in einer Welt der reinen Illusion.
Sagen zu ihrem fünfjährigen Sohn:
«Spiel nicht mit Kindern,
die eine andere Hautfarbe haben.»
Ertrunken in Rechnungen
der Hochzeit oder vom Hotel.
Damit sie ihren sozialen Status
aufrechterhalten können.

Was für ein Fehler.

Es war eine Plastikstadt, eine von
denen, die ich nicht sehen möchte.
Mit krebsartig wuchernden Gebäuden
und einem Herzen aus Glitter.
Wo am Morgen der Dollar aufgeht
statt der Sonne.
Wo niemand lacht, wo niemand weint.
Die Menschen haben dort Polyestergesichter.
Sie hören, ohne zuzuhören,
und schauen, ohne zu sehen.
Menschen, die aus Bequemlichkeit
ihre Freiheit verkauft haben.

Hör zu, Latino, hör zu, Bruder,
hör zu, Freund:
Verkauf nie dein Schicksal für Gold
oder Bequemlichkeit.
Ruh dich nie aus, wir müssen
noch sehr weit gehen.

Wir gehen alle voran, um gemeinsam
Schluss zu machen mit dieser Ignoranz.
Diese importierten Vorschläge sind
nicht die Lösung.

Lass dich nicht verwirren!
Such den Grund und den Hintergrund!
Erinnere dich: Man sieht die Gesichter,
aber nie das Herz.
Vom Staub kommen wir alle, und
dorthin kehren wir zurück,
wie das Lied sagt.
Man sieht die Gesichter, man sieht
die Gesichter, jaja, aber nie das Herz.
Denk daran, dass Plastik
an der heissen Sonne schmilzt.
Man sieht die Gesichter, man sieht die
Gesichter, jaja, aber nie das Herz.

Vorwärts, vorwärts, vorwärts,
vorwärts, vorwärts.
Und so machen wir gemeinsam weiter.
Und am Ende werden wir siegen.

Man sieht die Gesichter, man sieht die
Gesichter, jaja, aber nie das Herz.

Aber, meine Damen und Herren.
Inmitten des Plastiks sieht man auch
die Gesichter der Hoffnung.
Man sieht die stolzen Gesichter,
die für ein vereintes Lateinamerika
arbeiten.
Für ein Morgen voller Hoffnung
und Freiheit.

Man sieht die Gesichter von Arbeit
und Schweiss.
Von Leuten aus Fleisch und Knochen,
die sich nicht verkaufen.
Von arbeitenden Leuten, die den
neuen Weg suchen.
Stolz auf ihr Erbe und darauf,
Latino zu sein.
Auf ein vereintes Volk,
von dem Bolivar geträumt hätte!

Panama! (Chor: Wir sind da!)
Puerto Rico! (Chor: Wir sind da!)
Mexiko! (Chor: Wir sind da!)
Venezuela! (Chor: Wir sind da!)
Peru! (Chor: Wir sind da!)
Dominikanische Republik!
(Chor: Wir sind da!)
Kuba! (Chor: Wir sind da!)
Costa Rica! (Chor: Wir sind da!)
Kolumbien! (Chor: Wir sind da!)
Honduras! (Chor: Wir sind da!)
Ecuador! (Chor: Wir sind da!)
Bolivien! (Chor: Wir sind da!)
Argentinien! (Chor: Wir sind da!)
Nicaragua! (Chor: Wir sind da!)
Unser Quartier! (Chor: Wir sind da!)
Unsere Strasse! (Chor: Wir sind da!)

DIE MUSIKPIONIERE

WIE BÖBBER DEN SALSA IN DIE SCHWEIZ BRACHTE

Es ist ein Nachmittag an einem düsteren Wintertag. Das mexikanische Restaurant in der Schaffhauser Innenstadt ist fast leer. Auf den Holztischen stehen noch die letzten Gläser, zerknüllte Papierservietten liegen herum, die Mittagsgäste sind wieder am Arbeiten. Die Serviertochter räumt die Sachen weg und schiebt die Stühle an die Tische. Die Bar und die Wände des Restaurants sind mit Holz verkleidet. An die eine Wand ist das Konterfei von Che Guevara gemalt, dem grossen Anführer der kubanischen Revolution. An einem der Holztische sitzt **Christian Beck**, Musiker, Perkussionist, Schweizer Salsapionier. Ein Hüne von Gestalt. Seine graumelierten Haare hat er zu einem Schwänzchen zusammengebunden, am Kinn trägt er ein Ziegenbärtchen. Sein geschwungener Schnauz ragt aus dem Gesicht. Die kleinen Augen fixieren das Gegenüber aufmerksam. Er beginnt zu erzählen: «In meiner Jugend spielte ich Schlagzeug und war ein Rock-Jazz-Fan. Aber ich war auch offen für neue Ideen.» Zum Beispiel für die Latinmusik. Es waren vor allem die Trommelrhythmen, die ihn interessierten. Auf dem Umschlag der Platte «Abraxas» der Latingruppe Santana sah er dann die Congas: diese langen, ovalen Trommeln, die man von Hand bearbeitet, im Sitzen mit den Handflächen. «Ich kaufte mir diese Conga-Trommeln. Die Salsamusik kannte ich noch nicht.»

Nach der Matura zog es Beck zwei Jahre nach Mexiko. Und das veränderte sein Musikerleben komplett. Am Strand von Veracruz hatte er dann das Erleuchtungserlebnis. Es war am Osterfestival – und am Strand spielte eine Salsaband. «Das war die erste Salsaband, die ich je spielen hörte.» Der junge Beck war sofort elektrisiert. «Dort sah ich, wie man diese Conga-Trommeln einsetzen kann.» Zurück in der Schweiz, gab es ein zweites Ereignis, das ihn vollends in den Salsa trieb. Es hiess Robert Hauser alias Böbber – Musikethnologe aus Leidenschaft,

Perkussionist Christian Beck
beim Munot in Schaffhausen

Amateurmusiker und Angestellter bei einer Firma, die Zubehör für Schlagzeug herstellte. Und er stammte aus einer begüterten Familie, hatte immer genügend Geld, wie seine Gefährten berichten. Böbber konnte sein Leben einrichten, wie er wollte. Lange lebte er in Venezuela. Er reiste in die Dominikanische Republik oder nach Trinidad und studierte dort die lokalen Musikinstrumente. Böbber war eher Vermittler als begnadeter Musiker, wie verschiedene Weggefährten berichten. Christian Beck: «Böbber war die grosse Triebfeder dafür, dass der Salsa in die Schweiz kam. Er war der Avantgardist, der uns alle infiltrierte.»

Er holt aus seiner Tasche einen grünen Bundesordner hervor, darin Dokumente, alles sauber geordnet in farblosen Sichtmäppchen: Ausschnitte aus Zeitungen, Flyer von Konzerten. Christian Beck nimmt ein vergilbtes Schwarzweissfoto hervor und zeigt mit dem Finger auf einen etwas unscheinbaren Mann, der im Kreis mit anderen sitzt und trommelt: Das war also Böbber. Bart, Brille, längere unkultivierte Haare, leichte Glatze. Böbber war, so berichtet Beck, inmitten des Salsahexenkessels im Cheetah-Club. «Böbber tauchte ein in diese neue Salsawelt von New York.» Ein geselliger Mensch, der sofort den Kontakt zu den dortigen Musikern gefunden habe, auch zu den Latinos. Er kam nach Zürich zurück und brachte die neuen Ideen mit. «Böbber hat mir die neuesten Conga-Techniken aus New York gezeigt.»

Zwei Jahre später kam es zur Gründung der wohl ersten Band der Schweiz, die ausschliesslich Salsa spielte: Ojo, das Auge. Böbber Hauser war massgeblich daran beteiligt, dass die Musiker im Zürcher Gemeinschaftszentrum Bucheggplatz zusammenkamen. «Am Anfang war alles recht simpel», erinnert sich Christian Beck. «Wir spielten die Stücke der Salsapioniere aus New York nach.» Doch die Band hatte sofort viele Auftritte in der ganzen Schweiz. Das Salsavirus fand auch in den übrigen Landesteilen leichten Nährboden. Bald gab es Salsabands in Bern oder Basel.

Es war kein Zufall, die Zeit war reif für Neues. Die westlichen Gesellschaften waren im Umbruch. In den USA regte sich Widerstand gegen den Vietnamkrieg, die Unterdrückung und verkrustete gesellschaftliche Strukturen. Auch in den Schweizer Städten gärte es. Die Stadt Zürich, unlängst eine der Partyhauptstädte von Europa, war damals puritanisch verschlossen. Polizeistunde war rigide um 23 Uhr. Die Jugendkultur konzentrierte sich in einigen wenigen freudlosen städtischen Jugendzentren. Kulturelle Neuausrichtungen saugte man auf wie ein trockener Schwamm. Bei vielen machte sich Resignation breit, und sie griffen zu Drogen. Auf dem Zürcher Platzspitz wuchs später die grösste Drogenszene der Welt heran. 1980 eskalierte die Situation in Zürich zu den Opernhaus-Krawallen, die Jugendbewegung lehnte sich gegen die festgesetzten Kräfte auf.

In dieser Zeit begannen sich viele Schweizer für die lateinamerikanischen Kulturen zu interessieren, für die Exotik, die Musik. Auch sie sprengten den engen kulturellen Rahmen der damaligen Schweiz. Das hatte zunächst politische Ursachen. Beispiel Chile: 1973 stürzte General Augusto Pinochet mit Unterstützung des Militärs und der USA den liberalen Präsidenten Salvador Allende. Sympathisanten flohen nach Europa, in die Schweiz. Und sie brachten ihre Kultur und damit ihre Musik mit. Viele Junge solidarisierten sich mit den Migranten. Oder Peru: Zwei Jahre nach dem Umsturz in Chile riss der Diktator Francisco Morales Bermudez die Macht an sich, viele Peruaner flohen, kamen in die Schweiz. Plötzlich hörte man auf Zürichs Strassen Panflötenspieler, und man ass Empanadas, gefüllte Teigtaschen. Auch in Nicaragua gab es grosse Unruhen, die 1978 in einer Revolution endeten. Studenten und Aktivisten aus der Schweiz reisten dorthin und unterstützten die revolutionären Sandinisten. Schliesslich Kuba: Das Land hatte vorgelebt, wie wilde Kerle unter Fidel Castro und Che Guevara die Macht übernehmen und den Einfluss der USA in den lateinamerikanischen Ländern stoppen konnten. Kuba stand als Folge unter einem harten Handelsembargo. Lediglich Russland und seine Vasallenstaaten standen ihm bei. Schweizer begannen, das damals noch fast geschlossene Land zu bereisen, meldeten sich zur Fronarbeit auf den dortigen Zuckerrohrfeldern an.

Christian Beck kramt in seinen Mäppchen. «Im Jahre 1981 löste sich die Zürcher Salsaband Ojo wieder auf, die Musiker hatten zu unterschiedliche Ziele.» Es hätten damals venezolanische Gastmusiker mitgespielt, die eine Tournee in Deutschland machen wollten. «Wir hatten aber Familien, es gab Interessenkonflikte.» Beck blieb dem Salsa treu. Er gründete die Salsaband Nuevo Sabor mit dem quirligen Sänger Oscar Olano. «Wir hatten viele Auftritte, im ‹Gran Casino› in Luzern oder in der ‹Roten Fabrik› in Zürich, aber auch am St. Galler Openair und am Gurtenfestival.» Da sei Salsa in der Schweiz noch kein Mainstream gewesen: «Das war immer noch Avantgarde.» Wenige Jahre später verschwand Nuevo Sabor. «Eine Band ist ein instabiles Biotop, Musiker kommen und gehen.» Daneben organisierte Beck Salsatanzabende oder Konzerte, zum Beispiel im «Mascotte» in Zürich.

Schliesslich ging er zurück nach Mexiko, diesmal für mehr als zehn Jahre. An der Playa del Carmen eröffnete er einen Salsaclub, mit bescheidenem Erfolg. «Im Sommer, wenn die Touristen da waren, war der Laden voll, in der Nachsaison dann wieder leer.» Noch zweifelt er, ob sein Entscheid auszuwandern richtig war: «Rückblickend weiss ich nicht, ob es finanziell gesehen ein Fehler war, Zürich zu verlassen.» Denn Ende der 90er-Jahre brach dort die Salsabewegung mit voller Wucht durch. Plötzlich gab es überall Konzerte und Tanzpartys, kleine Clubs wurden eröffnet. Den Massstab setzte das «El Cubanito», der grösste Salsaclub, den die Schweiz je hatte. Man konnte mit Salsa plötzlich Geld verdienen, viel Geld. Als Christan Beck erneut zurückkam, war die Salsawelle «schon wieder etwas abgeflacht».

Beck arbeitete lange Zeit als Munot-Wächter in Schaffhausen, hatte seine Wohnung zuoberst im Turm. Viele Zeitungen interessierten sich für den Turmwächter, wenige für den Salsamusiker. Noch immer lebt er in Schaffhausen und trommelt, jetzt bei der Band Salsongoza. Zudem organisiert er auf dem Munot jedes Jahr eine grosse Salsaparty. Aber im Herzen ist Beck, der verheiratet ist, ein Avantgardist geblieben. Er schliesst den grünen Bundesordner. Die Serviertochter im mexikanischen Restaurant tischt noch etwas Mineralwasser auf. Bald kommen die Gäste zum Nachtessen. Draussen ist es dunkel geworden.

«WIR TROMMELTEN MIT DEN BESTEN MUSIKERN»

Einer der wichtigsten Salsapioniere in der Schweiz war der Musiker **Willy Kotoun.** Er gilt als einer der versiertesten Latinjazzmusiker und gab Unterricht an den Hochschulen Luzern und Zürich in Perkussion, Körper und Rhythmik. Zuerst spielte er Klavier, verschrieb sich aber immer mehr der Perkussion. Er trieb die Salsamusik voran, spielte in verschiedenen Formationen und war Mitbegründer der heute wohl ältesten Salsaformation, der Picason. Kotoun war der erste Schweizer, der an die Wurzeln der Salsamusik ging: Er konnte sich Anfang der 80er-Jahren in Havanna am Instituto Superior de Arte zum Perkussionisten ausbilden lassen, zusammen mit seinem Bandkollegen Peter Zwahlen. Damals war Kuba nur schwer zugänglich. Kam dazu: Die Schweizer Behörden waren sehr kritisch eingestellt gegenüber dem sozialistischen Staat. Kotoun hat zwei erwachsene Töchter und lebt mit seiner Frau in Zürich.

«In Bern zündete der Latinfunke etwa 1975. Ich war Pianist und hatte dort Kurse an der Jazzschule besucht. Ich war immer in Bands mit guten Schlagzeugern. Wir hörten Schallplatten der Salsagrössen Eddie Palmieri und Ray Barretto, liessen uns von ihnen inspirieren. Einmal spielten wir im Auftrag der kubanischen Botschaft in Bern. Die Botschafterin war eine echte Revolutionärin im nahen Umfeld von Fidel Castro. Sie war dabei, als die Revolutionäre von den Bergen herunterkamen und die Städte einnahmen. Wir nutzten die Gunst der Stunde und fragten sie, ob es möglich sei, in ihrem Land die kubanische Musik zu studieren. Die Botschafterin kannte die Rektorin des betreffenden Instituts und fädelte den Kontakt ein. Doch weder von der Schule noch von den kubanischen Behörden kam je eine Antwort. Meinen Job als Elektrotechniker hatte ich bereits gekündigt. Schliesslich flogen wir einfach nach Kuba. Der Schweizer Konsul in Havanna half uns dann weiter.

Viele Leute in der Schweiz verstanden nicht, warum wir ausgerechnet in dieses Land wollten. Kurz vorher waren schliesslich 250 000 Kubaner wegen der sozialistischen Regierung von der Insel geflohen. Wir blieben ein ganzes Jahr in Havanna und konnten den gewünschten Kurs am Institut besuchen. Er war auch für Kuba ein Pilotprojekt. Das hatte es vorher nicht gegeben: staatlicher Unterricht der eigenen Folklore! Die lernte man bis anhin nur auf der Strasse oder in der Familie. Der Kurs brachte Musiker hervor, die später weltberühmt wurden. Die Crème de la Crème, wir waren am Puls der Zeit. An drei Tagen jeweils am Morgen hatten wir Gruppenunterricht, an einem Nachmittag dann Einzelunterricht. Ich konnte nur wenig Spanisch und hatte einen Walkman dabei. Den Unterricht in Musiktheorie nahm ich auf Kassetten auf, denn ich verstand das kubanische Spanisch nicht. Eine Studentin von dort übersetzte ihn uns dann in ein Spanisch, das auch wir verstanden. Während der ersten Wochen gab uns unser Lehrer schwierige Aufgaben, um herauszufinden, ob wir es ernst nehmen oder einfach Touristen sind, die bald aufgeben würden. Als wir ihn überzeugt hatten, gab er uns Extralektionen, um uns zu fördern. Gewohnt haben wir in einer Siedlung, zusammen mit russischen und tschechischen Ingenieuren. Oft fehlte es an den grundlegenden Nahrungsmitteln. Keine Zwiebeln, kein Knoblauch! Wir kochten oft selbst, irgendwie gab es doch immer etwas zu essen. Wenn wir kubanische Familien besuchten, luden sie uns zu ihnen an den Tisch ein.

    Nach einem halben Jahr wollten uns die kubanischen Behörden zurückschicken. Wir hatten fast kein Geld mehr. Ein weiteres halbes Jahr hätte 7500 Franken gekostet. Die Schweiz hatte uns kein Stipendium gegeben wegen der politischen Situation in Kuba. Im Gegenteil. Wer dorthin ging, bekam einen Ficheneintrag durch die Bundespolizei. Meine Eltern wollten mich nicht unterstützen. Unsere Spanischhilfe setzte sich ein für uns, die Schweizer Botschaft in Havanna schaltete sich ein. Da wir nie ein Feedback vom kubanischen Staat erhielten, machten wir einfach inoffiziell weiter. Nach einem weiteren halben Jahr ging uns das Geld definitiv aus, und wir kamen nach Hause zurück. Ich war danach noch etwa zehn Mal in Kuba, zwei Mal mit der Gruppe Picason auf Tournee. Ich ging immer wieder zu den wichtigsten Musikern dort. **»**

DIE MUSIKPIONIERE

IN PLUDERHOSEN NACH HAVANNA

Wir standen in der Wartehalle des Flughafens, als mein Freund auf meine Hose tippte. «Willst du wirklich so nach Kuba?» Ich schaute an mir hinunter, es waren graue weitgeschnittene Hosen, die hinten etwas sackartig herunterhingen, Pluderhosen. Ich hatte sie in einem Jeansladen gekauft, viele trugen solche. Ich war knapp 25 Jahre alt und wartete zusammen mit dem Freund und meiner damaligen Freundin und späterer Mutter meiner Tochter auf den Flieger, der mich nach Havanna bringen sollte. Im damals kommunistischen Prag musste ich allerdings umsteigen, in eine russische Tupolev von der Aeroflot. Sechs Wochen wollte ich Kuba bereisen. Meine Freundin hatte eigentlich vor mitzukommen. Doch kurz zuvor fühlte sie sich nicht fit genug. Ich schaute erneut auf meine Hose und fragte meinen Freund, was denn damit los sei. Sie war leicht, ideal für die tropischen Temperaturen, die mich erwarteten. Er: «Offen gesagt würde ich die in Kuba nicht anziehen. Es könnte sein, dass sie denken, du seist schwul.» Ich schüttelte ungläubig den Kopf, doch er sollte es ja wissen. Er hatte Kuba zwei Jahre vorher schon bereist. Homosexualität war in Kuba verboten und wurde bestraft.

    Es war das Jahr 1987, Kuba lag auf einem anderen Planeten. Auf diese Reise hatte ich mich deshalb vorbereitet, so gut es eben ging. Einzelreisen waren in Kuba nicht vorgesehen, Informationen nur schwer zu bekommen. Das Internet gab es noch nicht. Nur für geführte Gruppenreisen sah der kubanische Staat Tourismusstrukturen vor, Hotels, Cars. Kuba war im Dilemma. Das Land befand sich im wirtschaftlichen Würgegriff der USA, es brauchte dringend Devisen. Doch die totale Öffnung für den Tourismus kam für die sozialistische Regierung nicht in Frage. Das führte unter anderem zu einem kuriosen Umgang mit der Währung. Touristen konnten an vielen Orten nur mit Dollars bezahlen. Für Busse und Lebensmittel mussten sie Pesos zu einem teuren Wechselkurs einkaufen. Die Einheimischen durften im Gegenzug keine Dollars besitzen, doch damit hätten sie einkaufen können wie Touristen. So blühte der

Schwarzhandel hinter den Bahnhöfen und in den Gassen. Wer kein Spanisch konnte, war verloren. Englisch, die Sprache des Erzfeindes USA, war keine Option. Ich hatte deshalb noch vor der Reise versucht, Spanisch zu lernen, und mich dazu in der Kuppel der ETH Zürich verbunkert. Dort gab es kleine Kabinen, in denen man über Kopfhörer Sprachlernprogramme durchackern konnte.

Es war nicht in erster Linie die Salsamusik, die mich nach Kuba lockte. Ich wollte einfach dieses merkwürdige Land bereisen, das es geschafft hatte, der USA die Stirn zu bieten. Natürlich erhoffte ich mir, mit der Musik in Berührung zu kommen. Der Salsa hatte mich bereits infiziert. Ich spielte damals Schlagzeug in einer Punkband, und mein Lehrer war Roli Mosimann – der Timbales-Spieler von Ojo, der wohl ersten Salsaband in der Schweiz. Ich ging immer wieder an ihre Konzerte. Mosimann blickte grimmig drein, hatte eine wilde Lockenfrisur, praktisch immer eine Zigarette im Mundwinkel. Oft stand irgendwo eine Flasche Bier herum. Mich liess er unbeirrt stundenlang eintönige Abfolgen auf der Trommel üben. Er sagte immer: «Du musst mit jedem Schlag genau wissen, wo du im Takt bist.» Sonst habe man als Schlagzeuger verloren. Ich hatte oft verloren.

In Havanna merkte ich schnell, worauf ich mich eingelassen hatte. Ich wohnte zwar in einem schönen, alten Stadthotel, aber es mangelte überall an allem. Es gab kaum Restaurants oder Essen über die Gasse. Die Lebensmittelläden waren leer, das Resultat des harten Embargos gegen die Regierung von Fidel Castro. Auf der Reise wurde das zum Problem. Irgendwann fand ich heraus, dass man in Bars kalte Milch bekam, Leche fría. Das war immer wieder meine letzte Rettung vor dem Hungerkollaps. Die Busse waren komplett überfüllt. Es gab immer mehr Passagiere als Plätze. Man musste deshalb an einem Stand Zettelchen mit Nummern ziehen. Bei einer hohen Nummer kam man nicht mehr in den Bus rein. Manchmal stand ich um fünf Uhr morgens am Busbahnhof, um sicher zu sein, am selben Tag noch wegzukommen.

Die Kubaner hatten das System perfektioniert: An der Haltestelle standen sie nicht in einer Schlange, sondern verteilt im Schatten, unter Hausdächern oder Bäumen. Man wusste deshalb nicht, wer alles in den Bus wollte. So rief man einfach: «Quién es el último?» Wer ist der letzte? Irgendeiner hob dann seine Hand. An dieser Person musste man sich orientieren. Vor ihr kam man nicht in den Bus hinein. Einmal stand ich auf dem Perron eines Bahnhofs im Landesinnern. Ich wollte unbedingt noch den Zug erwischen, der mich weiter in den Osten Richtung Santiago de Cuba brachte. Ich zog die Nummer 375. Es war chancenlos. Da zupfte mich jemand von hinten am Leibchen. Ich drehte mich um. Eine junge Frau schaute auf meine Nummer, nahm sie mir aus der Hand und gab mir die ihrige. Es war die 26. Sie lächelte mich kurz an und verschwand in der Menge.

Auf der Reise merkte ich bald, was mein Freund am Flughafen gemeint hatte. Leute zeigten auf meine Hose, Frauen wie Männer, und lachten. In einem Hotel im Landesinneren passierte es dann: Erschöpft von der Fahrt, legte ich mich über Mittag aufs Bett, in der Unterhose und einem Leibchen. Ich erwachte, weil ich eine Hand an meinem Rücken spürte. Ich schreckte auf und drehte mich um. Es war der Hotelportier. Er rannte sofort aus dem Zimmer. Ich liess ihn. Doch noch am Nachmittag ging ich mir eine Jeans kaufen, blau mit Ornamenten, unten breit geschnitten und oben so eng, dass sich meine Lendenwirbel abzeichneten. Es war eine Hose, wie sie kubanische Männer trugen.

Um von Havanna wegzukommen, brauchte ich zwei Tage. Am Bahnhof reichten sie mich von Schalter zu Schalter, «Otra boletería». Vor jedem hatte es wieder eine lange Schlange. Irgendwo habe ich mal gelesen: «Wer Kuba verstehen will, muss warten können.» Es war ein offener Zug, der mich schliesslich von Havanna wegführte, mehr Güter- als Personenzug. Er fuhr im Fussgängertempo durch Dörfer, Felder, vorbei an Zuckerrohrplantagen. Auf der Südseite der Insel, in Cienfuegos, angekommen, war ich von oben bis unten mit einer braunen Staubschicht bedeckt.

Ich übernachtete in einem modernen Hotel am Stadtrand. Es war vorgesehen für Ingenieure aus dem Ostblock und das kubanische Kader, das dort Ferien machte. Oder für die ersten Gruppenreisen aus dem Westen, vor allem aus Italien. Als ich ankam, hatte ich Durst. Ich ging zuerst in die Hotelbar, in der Hoffnung, es gebe ein Erfrischungsgetränk. An einem grossen Tisch sassen mehrere junge Frauen und ein Mann. Er war vielleicht 45, hatte gekraustes Haar und trug ein typisch kubanisches Männerhemd. Diese Hemden haben die Form von Uniformen, man trägt sie über der Hose. Er kam sofort auf mich zu und lud mich ein, mich zu ihnen an den Tisch zu setzen. Er schob einen Stuhl zwischen sich und eine junge Frau. Sie war vermutlich noch unter 20 und hiess Marlen. Sie hatte einen indianischen Einschlag und war ruhig und etwas scheu. Wir versuchten, so gut es ging, zu reden. Nach einer halben Stunde verabschiedete ich mich und suchte mein Zimmer auf. Kurze Zeit später klopfte es an der Tür. Es war Marlen. Sie trat ein und lächelte mich an. Dann zog sie sich bis auf den Slip aus und legte sich aufs Bett. Ich hielte inne, setzte mich auf den Bettrand. Ich sagte ihr, dass sie mir sympathisch sei, aber das käme für mich nicht in Frage. Sie schaute mich an, und ich sah in ihren Augen, dass sie froh war. Wir schwatzten noch eine Weile, dann ging sie wieder. Am nächsten Morgen trafen wir uns zu einem Kaffee. Sie fragte mich, ob ich ihr etwas kaufen würde. «Ja, klar», sagte ich. Marlen führte mich zum Touristenladen im Hotel und zeigte durchs Schaufenster auf einen grauen Pullover. Er war für sie unerreichbar, im Laden musste man natürlich mit Dollars bezahlen. Später begleitete sie mich an die Bushaltestelle. Ich wollte am gleichen Tag weiter nach Trinidad, einer kreolischen Küstenstadt, etwas weiter östlich an der Südküste. Wir winkten uns durchs Fenster nach. Ich machte mir etwas Sorgen um sie. Wenige Jahre später, als Kuba sich wieder den grossen Touristenströmen öffnete, explodierte die Prostitution.

Ich reiste bis nach Santiago de Cuba im Osten des Landes, sah viele schöne Sachen in Kuba, die Altstadt von Havanna, das pittoreske kreolische Städtchen Trinidad, die hohen Gebirgszüge der Sierra Madre, die Weiten der Zuckerrohrplantagen, das türkisblaue Meer in Varadero. Ebenso die Denkmäler der Revolution, die Moncada-Kaserne, wo der erste Sturm auf den verhassten Diktator Fulgencio Batista begann, oder die Schweinebucht, wo die USA Kuba zurückerobern wollten. Aber offen gesagt: Das war es nicht, was mich in Kuba am tiefsten berührte. Auch von der Salsamusik bekam ich herzlich wenig mit, abgesehen von einer Aufführung im Club Tropicana in Havanna. Tanz und Musik gabs fast nie auf den Strassen oder in den Bars. Bei den Carnavales fuhren Zisternenwagen mit Bier auf. Das war das Fest. Aus Lautsprechern schepperte zwar Musik, selten tanzte jemand dazu. Was aber blieb, sind die vielen Menschen, die mich auf der Reise unterstützten. Und der Respekt ihnen gegenüber, mit welcher Würde sie alle Entbehrungen auf sich nahmen. Den USA zum Trotz. Die Pluderhosen nahm ich nicht mehr mit nach Hause. Ich liess sie in Kuba zurück, in einem Hotel in Havanna.

DIE TANZ-PIONIERE

DIE TANZ-PIONIERE

DIE TANZPIONIERE

IM CLUB
DER AUSSENSEITER

Ein Sonntagabend im Jahr 1993 stellte das Leben von **Hanspeter Buzek** ziemlich auf den Kopf. Der gebürtige Tscheche war seit seiner Studienzeit ein leidenschaftlicher Tänzer und beschloss, in den Club Hey zu gehen. Buzek und seine Frau hatten sich kurz vorher scheiden lassen, und er wollte eigentlich weiter Rock'n'Roll tanzen. «Doch ich hatte in jenem Moment keine Tanzpartnerin», sagt Buzek, mittlere Statur, Brille, Doktor der Chemie.

Der Club Hey befand sich in einem Keller beim Zürcher Bellevue, in einem Hof unmittelbar beim «Hinteren Sternen», der immer noch für seine Bratwürste vom Grill bekannt ist. Hanspeter Buzek: «Der Club machte immer am Sonntag einen karibischen Abend.» Zuerst konnte er sich gut zur Musik bewegen, denn er kannte einige lateinamerikanische Rhythmen aus Workshops, die er besucht hatte. Doch plötzlich kam aus dem Lautsprecher ein eigenartiges Lied, zu dem er kaum tanzen konnte: «Der Rhythmus war so schwierig.» Das Lied gefiel Buzek so gut, dass er zum DJ ging und ihn fragte, was das für Musik gewesen sei. Der antwortete nur: «Salsa.» Seither hat ihn Salsa nicht mehr losgelassen. Buzek gilt als der erste ausgebildete Salsatanzlehrer von Zürich. Am dortigen Salsafestival bekam er 2007 eine Auszeichnung für seine Verdienste als Wegbereiter der Schweizer Salsaszene.

Sein Erlebnis im «Hey» verwundert nicht: Anfang der 80er-Jahre kannte noch kaum einer Salsa – geschweige denn konnte man zu dieser Musik tanzen. Salsa war die Musik der wenigen Latinos und Avantgardemusik von einigen Liebhabern. Man konnte kaum Schallplatten kaufen – CDs schon gar nicht, diese kamen erst langsam auf. In New York entwickelte sich erst Jahre nach den ersten Auftritten der Salsabands ein eigener Salsatanzstil. Ursprüngliche Formen von Salsa tanzte man vor allem in Kuba. Und Kuba war abgeschottet und unerreichbar für alle, die keine bürokratischen und körperlichen Strapazen auf sich nehmen wollten.

Hanspeter Buzek, erster Schweizer
Salsatanzlehrer bei sich zu Hause

Kein Wunder auch, dass gerade das «Hey» Salsa spielte. Es war damals ein Club für Aussenseiter, vor allem bekannt als Schwulenclub. Ein Artikel auf Schwulengeschichte.ch berichtet, wie sich der Club mit der Zeit vermehrt «heterosexuellen Minderheiten» geöffnet habe: «Punks, Latinos, Schwarzafrikanern mit ihren eigenen Richtungen von Musik, Tanz und Unterhaltung.» Der Zürcher «Tages-Anzeiger» beschrieb den Club so: «Er hat schon viele wilde Partys erlebt: Das Schwofen der Schwulen, das Pogen der Punks, das Abtanzen der Afros. Alles war möglich in den Räumen.» Bekannte Zürcher Punkbands traten dort auf, afrikanische Rapper oder andere Gruppen aus der alternativen Musikszene. Der spätere Yello-Sänger Dieter Meier gab 1981 mit seiner damaligen Punkband ein Konzert. Am Anfang mussten die Besucher die Getränke selbst mitnehmen. Das «Zürcher Tagblatt» zitierte den Gründer des Clubs, er wolle «einen Treffpunkt für Menschen schaffen, die keiner will». Das Fazit des Artikels: «Das zwinglianische Zürich war schockiert.»

An diesem Ort gab es also die ersten Salsatanzabende. Zeitzeugen sprechen von einer «einmaligen, aber auch merkwürdigen» Szene, die sie jeweils am Sonntagabend im «Hey» angetroffen hätten. Ein Tänzer erinnert sich: «Es war nicht ganz ungefährlich. Es kam immer wieder zu Schlägereien.» Auch Drogenhändler tauchten im Club auf. Der «Blick» titelte am 11. September 1999: «Kokain-Schweizerinnen: In Zürcher Club fing es an.» Das «Hey» machte 2010 schliesslich dicht, doch nicht wegen seiner zweifelhaften Reputation – es musste einem Ladenlokal weichen.

Salsatanzkurse gab es damals in Zürich nicht. Die kubanische Tänzerin Ines Corajoud, die in Lausanne lebte, gab erste Kurse in afrokubanischen Tänzen. Hanspeter Buzek interessierte sich zwar dafür, doch er kommt im Nachhinein zum Schluss: «Das hatte noch nichts mit Salsa zu tun.» Er wollte jedoch den richtigen Salsa lernen. Ines Corajoud konnte ihm nur einen Rat geben: nach Kuba zu gehen.

Hanspeter Buzek und seine zweite Frau Rita schlossen sich schliesslich einer geführten Reise an und besuchten zwei Wochen einen Kurs an der staatlichen Ausbildungsstätte für kubanische Kultur in Havanna, an der Conjunto folclorico. Sie lernten Salsa und alle Variationen der afrokubanischen Tänze: Mambo, Rumba, Son, Cha-Cha-Cha oder Mozambique. «Die Musik kam nicht vom Plattenspieler, sondern immer von einem Orchester.» Zurück in Zürich, gaben sie die ersten Tanzkurse, im Volkshaus und in den Gemeinschaftszentren. «Anderswo in Zürich gab es das nicht.» Mit Salsatanzkursen Geld zu verdienen, war kaum möglich. «Das Ganze war noch weit entfernt, kommerziell interessant zu sein. Es war unser Hobby, es füllte meine ganze Freizeit aus.» Andere Tänzer folgten seiner Idee und gingen auch nach Havanna. In der Schweiz entstand eine kleine Szene.

Zwei Filme gaben dem noch avantgardistischen Salsatanz hierzulande Auftrieb, auch einen ersten kommerziellen: «Dirty Dancing» kam 1987 in die Kinos und spielte weltweit über 200 Millionen Dollar ein. Die Liebesgeschichte zwischen einem Tanzlehrer (Patrick Swayze) und einem Mädchen (Jennifer Grey) fiel nicht unbedingt wegen der originellen Handlung auf. Berühmt wurde der Film wegen einer lasziven Tanzeinlage der beiden am Schluss. Sie enthielt Elemente des kubanischen Mambos und schon etwas Salsa.

Wichtiger war der Tanzfilm «Salsa», der ein Jahr später in die Kinos kam, aber etwas weniger erfolgreich blieb. Die Geschichte: Der Automechaniker Rico (Robby Rosa) will sich mit seiner Freundin (Angela Alvarado) seinen Traum erfüllen – den Tanzwettbewerb im Club gewinnen und Salsakönig werden. Das Drehbuch beinhaltete viele und gute Salsatanzszenen. Beide Filme hatten etwas gemeinsam: Sie betonten die erotische Ausstrahlung des Tanzes. Und das kam beim Publikum an.

Vor allem der zweite Film brachte der noch kleinen Salsaszene in der Schweiz den ersten grossen Schub, wie Tanzlehrer Hanspeter Buzek sagt. Sie seien regelrecht überrollt worden: «Am nächsten Anfängerkurs standen 100 Leute im Kurslokal. Wir wussten nicht mehr, wie wir so vielen Unterricht geben sollten.» Der Film hinterliess auch bei ihm einen tiefen Eindruck. Seinen Sohn, der zwei Jahre später auf die Welt kam, taufte er auf den Namen der Hauptfigur: Rico.

«SALSA WAR FÜR MICH EINE OFFENBARUNG»

Tänzerinnen und Tänzer berichten, wie sie zum Salsa fanden.

Ich bin ausgebildeter Opernsänger. Als Bariton sang ich an den Häusern in Freiburg, Koblenz oder Mainz. Es ist zwar ein spannender Beruf, doch er bedeutet, immer im Stress zu sein. Er ist kaum vereinbar mit einer Beziehung. Ich kam deshalb nach Zürich und liess mich zuerst als Lehrer, dann als Heilpädagoge umschulen. In dieser Zeit begann ich zu tanzen. Die Standardtänze passten mir aber nicht. Man muss sie sehr exakt und präzis tanzen. Also besuchte ich einen Kurs in Salsa, Bachata und Merengue. Er hiess Caribbean Dance Mix. Ich fühlte mich sofort viel freier. Das war die Offenbarung!
Peter Balmer alias DJ Palmar

Mit 19 kam ich aus La Paz in Bolivien in die Schweiz. Ich wollte hier Musik studieren. An einem Sonntagabend ging ich mit meinem Bruder in den Club Hey am Zürcher Bellevue. Aus den Lautsprechern ertönte Salsa, Bachata und Merengue. Doch nur eine kleine Gruppe konnte dazu tanzen. Die Dominikaner tanzten Bachata und Merengue. Ich kannte das nicht, war aber sofort begeistert und versuchte mitzumachen. Das war für mich die Geburtsstunde des Salsa. Seither prägt er mein Leben.
Leonardo Franz, Tanzlehrer

Ich war für ein halbes Jahr in Los Angeles und besuchte dort eine Schule. Ich wollte das Proficiency in Englisch machen. Für eine Schülerzeitung schrieb ich über Orte und Restaurants. Eines Abends ging ich deshalb ins «St. Marks» in Venice. Nach dem Essen räumte man die Tische beiseite und tanzte. Zuerst gab es einen Workshop, anschliessend spielte eine Band klassischen Salsa. Die Leute tanzten – und ich konnte es nicht. Ich kannte ja den Tanz überhaupt nicht. Danach wollte ich unbedingt Salsa tanzen lernen. Zurück in der Schweiz, machte ich einige Kurse, ging jeden Abend tanzen. Ich gab richtig Vollgas! Ich wohnte damals noch im Rheintal und pendelte jeden Tag nach Zürich und zurück. Damals war eben Salsa gleich Zürich.
Eylem Elena Rodríguez, Tänzerin

Zum Salsa kam ich schon mit 16 Jahren, in Ecuador. In Lateinamerika hörst du überall Salsa, im Bus, im Einkaufsladen. Am Morgen stellte meine Mutter immer das Radio an. Man geht dort nicht zur Tanzschule, sondern tanzt an Familienfesten und bei Kollegen. Bereits kleine Kinder tanzen Salsa.
Giovanni Cruze, DJ

Meine Eltern trennten sich, als ich 18 Jahre alt war. Mein Vater segelte über den Atlantik und blieb zuerst in Venezuela hängen. Später lebte er in der Dominikanischen Republik. Ich besuchte ihn dort. Am 4. Januar 1988 – ich weiss das Datum noch ganz genau – war ich in einer Disco in Puerto Plata, im «Vivaldi». Dort tanzten die Dominikaner Salsa. Das gefiel mir so gut, dass ich den Tanz unbedingt auch lernen wollte.
Thomas Stadler, Organisator Salsafestival

Ich war mit meiner Kollegin auf einer geführten Reise durch Kuba und Nicaragua. Überall trafen wir auf die Musik, und ich dachte sofort: Ich möchte die verschiedenen Tänze können. Wieder zu Hause, plante ich, eine Tanzausbildung in Kuba zu machen. Alle sagten mir, das könne ich vergessen. Ich liess mich nicht entmutigen. Zuerst war ich in Havanna am staatlichen Conjunto folcorico, wo ich bei den Proben dabei sein durfte. Dort bekam ich den Blick fürs Tanzen, weg vom technischen 1, 2, 3. Ich lernte mit dem Herzen und mit Gefühl zu tanzen.
Susanne Ramseier, ehemalige Besitzerin «El Cubanito»

Mein Vater war Chilene, meine Mutter Schweizerin. Ich bin zwar hier geboren, ging dann aber mit meinen Eltern nach Chile zurück. 1999 kam ich wieder in die Schweiz, ohne meine Eltern. Ich wollte hier eine Ausbildung machen. Ich hatte etwas den Kontakt zu meinen Jugendfreunden verloren, so ging ich oft in den Zürcher Club El Cubanito. Dort schaute ich dem Salsatanzunterricht zu, das gefiel mir sehr. Also besuchte ich selbst Kurse.
Edi Arenas, Tanzlehrer

In Havanna besuchte ich die Ballettschule wie so viele Schulkinder. Doch ich durfte den Unterricht nur kurz besuchen. Im Kuba der 70er-Jahre passten Ballett und Männlichkeit nicht zusammen. Vor allem nicht für meinen Vater. Ballett war zu weiblich für einen Jungen, entsprach nicht seinen traditionellen Vorstellungen. Ich sollte Baseball spielen oder Fussball. Ich tanzte weiter – einfach kein Ballett mehr. Erst in verschiedenen Gruppen der Sekundarschule, später am Gymnasium. Wir tanzten Salsa, Son, Cha-Cha-Cha, Rumba, Afro und andere Tänze aus Lateinamerika. Wir machten dies, weil es uns so gefiel. Mein Vater wollte ja nur, dass ich kein Balletttänzer werde. Gegen das Tanzen an sich hatte er nichts einzuwenden.
Arnaldo Rippes, Tanzlehrer

DIE TANZPIONIERE

«ICH SOLLTE DEN TANZ IN DIE SCHWEIZ BRINGEN»

Doris Lindau war eine der ersten Schweizerinnen, die sich in Kuba im Salsa und afrokubanischen Tanz ausbilden liessen, und zwar am staatlichen Institut Escuela Nacional de Arte in Havanna. Zum ersten Mal flog die ausgebildete Bewegungstherapeutin 1985 hin, viele weitere Male folgten. Sie ist Mitgründerin und Vizepräsidentin des Salsaclubs Muévete in Bern. Der Verein führt eine Salsatanzschule und organisiert Anlässe zur kubanischen Tanzkultur. Dazu gehören die Tanzpartys «Tarde cubana» im «Sternen» in Bümpliz oder der Salsaabend im «Progr» in Bern. Der Verein organisiert zudem Salsawochen und Tanzreisen nach Kuba und Rimini. Doris Lindau lebt in Bern und hat zwei erwachsene Kinder.

«Es waren Musiker in Zürich, die sich damals sehr für die afrokubanische Musik interessierten. Sie organisierten eine Reise mit dem damaligen Studentenreisedienst SSR. Ich durfte mit. In Havanna besuchten wir einen Kurs für Perkussion und Tanz. Er dauerte zwei Wochen, anschliessend reisten wir im Land herum. In Kuba hatte ich ein regelrechtes Flasherlebnis. Der lockere Tanzstil der Kubaner faszinierte mich sehr, die Art, wie er die Bewegungs- und Lebensfreude zum Ausdruck bringt. Ich entschied mich, für längere Zeit dorthin zu gehen und richtig tanzen zu lernen. Der Kanton Zürich gab mir ein Stipendium, wohl weil ich ausgebildete Bewegungstherapeutin war. Ich sollte den Salsapaartanz in die Schweiz bringen.

Das zweite Mal blieb ich fast ein Jahr in Kuba, an der Escuela Nacional de Arte. Das war 1987. Das Organisieren erwies sich als schwierig, wir gingen einfach hin. Ein Offizieller hatte mal ein Papier aus der Schublade genommen, ich hatte auch etwas bezahlt. Es war sehr improvisiert. Und manchmal etwas mühsam, die Lehrer erschienen immer wieder nicht.

Tanzpionierin Doris Lindau im «Progr» in Bern

Auch komisch, ich war ja Ausländerin und erst noch älter als die jungen Kubanerinnen, die in der Schule waren. Zudem war ich keine Tänzerin wie die anderen Schüler, ich hatte keine Bühnenerfahrung. Ich wollte einfach Salsa tanzen und das gut lernen. Ich fand dann Freunde, mit denen ich privat tanzen ging. Mit einigen habe ich immer noch Kontakt.

Als ich zurückkam, begann ich mit Bekannten in Bern eine kleine Szene aufzubauen. Damals kannte man alle in der Schweiz, die Salsa tanzten. Wir waren vermutlich noch nicht so wahnsinnig gut darin. Wir gingen einfach tanzen und gaben Kurse, hatten viel Spass dabei.

In den Anfangszeiten hatte ich lange das Gefühl, die Tänzer seien vor allem Kuba-Begeisterte. Leute, die interessiert waren an der dortigen Politik und der Kultur. Dann stiess eine junge Generation dazu, die sich gerne und besser bewegte, inspiriert von den Latinos. Es gab auch Tänzer, die konnten es am Anfang in den Kursen nicht. Dann lagen sie sich voll rein, immer wieder, bis sie richtig gut tanzen konnten. Es hat also sogar die Männer gepackt, die sonst ja als hüftsteif gelten. Sie haben es zuerst über den Kopf, dann über den Körper gelernt. Das bewundere ich. Die Schweizer gelten ja nicht als ein Volk, das besonders talentiert wäre im Tanzen. »

«DIE LOCKERE HÜFTE FASZINIERTE DIE LEUTE»

Für die Wissenschaftlerin Melanie Haller ist es kein Wunder, dass der Salsa auch in der Schweiz auf einen fruchtbaren Boden stiess. Sie erforschte zusammen mit Gabriele Klein die Tanzkulturen Salsa und Tango argentino in Deutschland zwischen 2010 bis 2013. Es war eine Forschungsarbeit am Institut für Bewegungswissenschaften an der Universität Hamburg. Die beiden Soziologinnen untersuchten unter anderem, wie sich die Tänze in Hamburg verbreiten und etablieren konnten. Sie zeigen auf, nach welchen Gesetzmässigkeiten die Szenen und Tanzkulturen funktionieren und wie sie sich unterscheiden. Ähnliche Untersuchungen in der Schweiz gibt es nicht. Melanie Haller ist heute wissenschaftliche Mitarbeiterin für Kulturwissenschaften an der Universität in Paderborn (D).

Frau Haller, warum konnte sich der Salsatanz in der Schweiz ausbreiten?
Der Salsa kam bei in den westlichen Kulturen im Zuge der Hippie- und der 68er-Bewegung auf. Viele Menschen hatten den Blick auf andere Kulturen gerichtet. Es entwickelten sich Alternativkulturen. Nicht nur Salsa, auch andere neue Tänze waren plötzlich im Fokus.

Welche denn?
Tango, Flamenco oder Bauchtanz, aber auch asiatische Kampfkünste wie Budo, Aikido oder Tai-Chi. Yoga oder Qigong müsste man ebenfalls dazuzählen.

Was suchten die Menschen darin?
Alle diese Tänze boten neue Ausdrucksformen für den Körper an. Viele Leute suchten damals etwas anderes, weg von der etablierten Kultur.

In Europa und den USA waren die Sportkulturen verbreitet: Ballsportarten, Skifahren oder Gymnastik. Der Körper muss dabei funktionieren und Leistungen erbringen. Das empfanden viele als körperfeindlich.

In Zürich wuchs die Kritik insbesondere gegen das Opernhaus. Dies eskalierte schliesslich in Krawallen. Gleichzeitig hörte man dort die erste Salsamusik in der Schweiz. Kein Zufall?
Sicher nicht. Man suchte neue Wege, um der kulturell und politisch verkrusteten Gesellschaft zu entfliehen. Viele hatten damals ein hohes Interesse an anderen Kulturen – nicht nur an der Bewegungskultur, sondern auch an anderen Lebensweisen. Das kristallisierte sich heraus in einer Kritik an der etablierten Kultur.

Salsa half also mit, diese verkrusteten, etablierten Kulturen zu durchbrechen?
Ja, klar. Denn der Salsatanz bedient andere Körperkonzepte als das zuvor Dagewesene.

Welche denn?
Konkret gesagt: Beim Salsa sind es die offensiven und lockeren Hüftbewegungen. Die tauchten in den etablierten und steifen europäischen Standardtänzen nicht auf. Lateinamerikanische Tänze wie Rumba oder Cha-Cha-Cha, die man an den etablierten Tanzwettbewerben bereits damals tanzte, hatte man längst entschärft. Sie hatten wenig zu tun mit den Bewegungsmustern, wie man sie im Salsa tanzt. Der Rhythmus ist gerade noch zu erkennen.

Kann eine lockere Hüfte so viel auslösen?
Natürlich. Salsa erfand den Paartanz neu – als Gegensatz zu den spiessigen Tänzen wie etwa Walzer oder Foxtrott. Auch die Tanzschulen waren entsprechend spiessig und vermittelten wenig, was mit Körpererfahrung zu tun hatte.

Die frühe Salsaszene traf sich oft in Gemeinschafts- oder alternativen Kulturzentren. Auch das kein Zufall?
Überhaupt nicht. Neue Tänze wie Salsa waren ja eine Alternativkultur, die ein neues Körpererleben brachte. Das boten die etablierten Tanzschulen nicht. Auch andere Bewegungsarten konnte man dort ausprobieren. Es gab eine Lust, den Körper oder Körperbewegungen neu zu entdecken.

Man hat den Eindruck, dass sich damals tendenziell die linke Politszene für Salsa stark interessierte. Warum war das so?
Die Salsakultur ist eng verbunden mit New York und mit den lateinamerikanischen Migranten in den USA. In New York hatte die Salsabewegung eine politische Bedeutung. Migranten, die gesellschaftlich keine Anerkennung bekamen, riefen den Salsa ins Leben, an Tanzabenden und mit Konzerten. So hatten sie die Möglichkeit, ihre eigenen Bedingungen, ihre Lebenssituation, ihre Position als Migranten über diese Musik auszudrücken. Das fand auch Gefallen bei politisch interessierten Menschen in Europa und in der Schweiz.

DAS
GESCHÄFT
MIT DEM
SALSA

DAS GESCHÄFT MIT DEM SALSA

AUFSTIEG UND FALL DES CLUBS EL CUBANITO

Die Bernerin **Susanne Ramseier** und der Kubaner **Pedro Martínez** prägten die frühe Salsaszene wie kaum jemand anders. Und sie waren ein schillerndes Paar. Die beiden riefen in Zürich den grössten Salsaclub, den die Schweiz je hatte, ins Leben – und verloren ihn auf desaströse Weise wieder. Der «Tages-Anzeiger» zitierte Pedro Martínez in einem Bericht einmal so: «Wir Kubaner lernen von Kindesbeinen an, dass wir für alles kämpfen müssen. Ich habe früh begriffen, dass ich mein Leben in die eigenen Hände nehmen muss.» Ein Beobachter sagt: «Sie kämpften mit den Ellbogen. Ohne dies hätten sie wohl kaum so grossen Erfolg gehabt.» Einer der wenigen gemeinsamen Auftritte der beiden war als junges Paar in einer Salsasendung des Schweizer Fernsehens. Er: schlank, kurze gekrauste Haare, breites Gesicht, volle Lippen, afrikanischer Einschlag. Sie: blond, lange gelockte Haare, mittlere Statur.

Die Liaison zwischen der Berner Lehrerin und Pedro Martínez begann in den 80er-Jahren in Kuba – genauer gesagt in Varadero, wie Ramseier berichtet. Der Badeort befindet sich etwa 100 Kilometer entfernt von der Hauptstadt Havanna. Hier traf sich vor der kubanischen Revolution der amerikanische Jetset, heute ist er wieder einer der wichtigsten Touristenorte in Kuba. Die Farbe des Meers dort wechselt von Smaragdgrün zu Türkisblau und geht nahtlos in das Blau des Himmels über. Die flachen Strände sind aus weissem, feinem Sand und unendlich lang, von Palmen gesäumt. Susanne Ramseier war in Kuba, weil auch sie Salsa tanzen lernen wollte. Unter welchen Umständen sie in Varadero den drei Jahre jüngeren Pedro Martínez getroffen hat, erzählt sie nicht, nur so viel sagt sie: «Pedro war ein Tanzfüdli.» Fragen zur späteren Heirat beantwortet sie mit: «Es war eine einfache für 40 Pesos und keine für 600 Dollar, wie sie die Behörden gerne gesehen hätten.» Damit war für Pedro der Weg frei, mit ihr in die Schweiz zu fliegen.

Die beiden hatten einen Traum: ein Salsazentrum zu eröffnen. Ein Lokal, wo man sich treffen konnte, Salsa tanzte oder Musik hörte. Einige Jahre organisierten sie Tanzkurse und Konzerte in Gemeinschaftszentren und Mehrzweckhallen, mehr schlecht als recht. Dann begannen sie kubanische Salsabands nach Zürich zu bringen – und trafen den Nerv des Publikums. Das Bedürfnis nach der neuen Salsamusik zeichnete sich immer mehr ab. Ebenso der Erfolg. Ramseier: «Die Konzerte waren komplett voll. Die Leute kamen von überall her.» Ein ehemaliger Weggefährte sagt dazu: «Die beiden starteten durch.»

Dann kam der 6. September 1993, den Susanne Ramseier nie mehr vergessen sollte. Am Vortag ging in Zürich die erste Streetparade über die Bühne. Die Stadt erwachte langsam aus ihrem Technokater. Im ersten Stock der ausgedienten alten Börse fand eine Afterhourparty statt. Susanne Ramseier wollte einen Nebenraum im Gebäude inspizieren, um zu sehen, ob er sich allenfalls eignen würde als Salsalokal. Die alte Börse befand sich mitten im Herzen von Zürich, 100 Meter vom Paradeplatz entfernt. Ein schmuckloses Betongebäude. Nur der runde Eckturm am Gebäude zog kurz den Blick auf sich. Die Börse war wenige Monate vorher an einen neuen Standort ins Zürcher Selnauquartier gezogen.

Doch dann gabs diesen Irrtum, ohne den die Salsageschichte wohl einen anderen, vermutlich weniger dramatischen Verlauf genommen hätte. Ramseier berichtet: «Mit dem Lift landete ich nicht wie gewollt im ersten Stock, sondern irrtümlicherweise im vierten.» Sie verliess den Fahrstuhl, im Gang stand eine Tür offen. Sie ging hinein. Es war nicht der gesuchte Nebenraum – es war der riesige Börsensaal. Alles war noch da, der Börsenring, die Tischchen dahinter. «Ich blickte mich um, und mir war sofort klar: Das ist es.»

Ein Umbau erfolgte. Sie und Pedro nannten das Lokal El Cubanito, den kleinen Kubaner. Eine Untertreibung. Mit dem Club stiess die kleine Salsaszene in eine neue Dimension vor: 1500 Quadratmeter Fläche, Platz für rund 1000 Gäste. Hinter dem ersten Börsenring war die Bar. Der zweite musste einer Tanzfläche weichen. Ein weiterer kleinerer Raum hatte eine Tanzfläche für die brasilianische Musik. An einer Snackbar konnte man sich verpflegen, dazu kam eine Galerie zum Herumsitzen und ein Billardraum. Am Freitagabend war jeweils die «Tropicalissimo»-Party. Einmal im Monat gab es ein Salsakonzert, meist mit Weltgrössen.

Und sie kamen alle ins «El Cubanito», die Salsastars: die kubanische Sängerin Celia Cruz, Oscar D'León oder Los Van Van. Diese Konzerte waren vor allem ein Fest für die Latinos, die nun einen eigenen Salsatempel hatten. «Am Anfang kamen mehr Latinos als Schweizer. Sie hatten so viel Freude im ‹El Cubanito›, weil es einer von ihnen geschafft hatte.»

Zwar verkauften Susanne und Pedro Martínez den Zweck des «El Cubanito» vordergründig gerne als «Förderung lateinamerikanischen Kulturgutes». Doch der Club erwies sich rasch als unheimlich effiziente Geldmaschinerie. Der Alkohol floss in Strömen, wie sich ein Besucher erinnert: «Überall standen Flaschen herum.» Ehemalige Mitarbeiter erzählen, dass man nach den Partys kofferweise Geld aus dem Lokal trug. Auch Susanne Ramseier sagt rückblickend: «Der Club war ein Goldesel.»

Kein Wunder, zog das Lokal nicht nur friedliche Freunde des lateinamerikanischen Kulturgutes an. Immer wieder drohte Ungemach: Schlägereien, Drogen, Prostitution. Ramseier: «Wir mussten immer dafür kämpfen, dass keine Drogen oder schlechte Menschen in unseren Club kamen.» Zwölf Türsteher machten bei jedem Besucher einen Bodycheck. Das war schockierend für die jungfräuliche Salsaszene.

Grund für die Konflikte waren oft Frauen. Die Salsatänzerinnen und Latinofrauen strahlten Sex und Erotik aus, zeigten «viel Haut» oder erschienen im «hautengen Kleid oder im glänzenden Stoff», erinnert sich Ramseier. Die welsche Zeitschrift «Le Temps» schrieb, dass die Frauen im Club «einen grösseren Ausschnitt und kürzere Jupes tragen als anderswo». Das kannten die Zürcher vielleicht von der Langstrasse, aber nicht von einem Ort hinter dem Paradeplatz. Immer wieder versuchten Zuhälter, im «El Cubanito» Fuss zu fassen.

Dann kam es zum Bruch zwischen dem Traumpaar: Drei Jahre nach der Eröffnung des Clubs trennten sich Pedro Martínez und Susanne Ramseier, ein Jahr später verliess sie die Geschäftsleitung: «Wir waren ein Traumteam im Geschäft, doch privat lief es nicht mehr nur gut. Als Paar hatten wir uns auseinandergelebt.» Was nachher geschah, ist nicht restlos geklärt. Mittlerweile hatte das «El Cubanito» schnell und stark expandiert, war zu einem Imperium angewachsen, das die Aktiengesellschaft Pesuma Group zusammenhielt. Firmen und Clubs in Zürich und Basel kamen hinzu sowie ein Kleider- und CD-Laden. Alle Gesellschaften hatten ihren Sitz in den Räumlichkeiten des Clubs. Doch nicht alle rentierten, berichten Beobachter. Martínez sei zwar «ein charismatischer Künstler und Tänzer» gewesen mit guten Kontakten in der weltweiten Latinoszene. Zum geschäftlichen Erfolg habe aber Susanne Ramseier wohl einen entscheidenden Teil beigetragen. Ramseier sagt, nach ihrer Zeit seien auch Leute in den Club gekommen, die vor allem Geld herausziehen wollten. Man habe ihren Exmann schlecht beraten.

Dann kam der Tag, der die Salsaszene zum ersten Mal in zwei Lager spaltete: Am Wochenende des 22. Februar 2002 wollten vier Salsatänzer und Tanzlehrer in Zürich das erste Salsafestival in der Schweiz organisieren, im Kongresshaus am See. Drei Tage lang Tanz, Partys, Workshops, Konzerte, mit Tänzern, DJs und Musikern aus Übersee. Und dann dies: Das «El Cubanito» organisierte ebenfalls einen Salsakongress – eine Konkurrenzveranstaltung genau am gleichen Wochenende. Die Gründe dafür sind unklar, doch der Streit war vorprogrammiert. Der erste grosse Streit in der Salsaszene. Es soll zu chaotischen Szenen gekommen sein, bereits am Flughafen, zu Handgreiflichkeiten zwischen den Parteien. Schliesslich fanden beide Anlässe statt, und die Parteien verhängten am Festivalwochenende den Waffenstillstand. Die «Neue Zürcher Zeitung» zitierte in einem Bericht die Festivalorganisatoren so: «Streitereien um Terminplanung und Abwerbung bekannter Künstler wolle man heute ruhen lassen, heisst es von beiden Seiten, denn es gehe jetzt darum, die Energien nicht zu verschwenden und das Beste zu geben.»

Die Querelen kamen in der Salsaszene schlecht an. Tänzer wanderten ab, zudem gingen viele neue Tanzschulen auf in dieser Zeit. Auch die Salsaparty am Freitagabend im «El Cubanito», die «Tropicalissimo», bekam grosse Konkurrenz: Die Tanzschule Salsarica machte aus einer alten, riesigen Fabrikhalle hinter dem Escher-Wyss-Platz eine Salsatanzhalle – und rief die «Friday Night» ins Leben, eine Party, die ebenfalls gegen 1000 Tänzer schluckte.

Die finanzielle Situation des kleinen Imperiums verschlechterte sich zunehmend. Dann geschah dies: Es kam in Kontakt mit dubiosen Geldgebern. Die Mailänder Justizbehörden sahen es jedenfalls später als erwiesen an, dass ein Finanzunternehmen aus dem Aargau im Juni 2002 dem Club mehr als 1,2 Millionen Franken überwies. Geld, das von der kalabrischen Mafiaorganisation 'Ndrangheta stammen sollte. Gemäss einem Bericht der «Handelszeitung» habe diese sogar geplant, den Club zu übernehmen. Die Organisation kam immer wieder ins Visier der Justiz, weil sie versuchte, über Nachtclubs Geld aus illegalen Geschäften zu waschen, auch in der Schweiz. Ein Teil des Verwaltungsrates begann kurz darauf zu zweifeln, ob die Gruppe «wirtschaftlich gesund» dastehe, wie aus einem Brief hervorgeht. Das Imperium hielt sich noch etwa zwei Jahre auf den Beinen. Dann fielen die Firmen wie Dominosteine in den Konkurs und – so lässt sich schliessen – zogen das «El Cubanito» mit in den Abgrund. Die offenen Rechnungen hatten sich getürmt, von Getränkelieferanten, von Pensionskassen oder Putzinstituten. Die Kassen der Firmen waren weitgehend leer, die Konkursverfahren wurden eingestellt «mangels Aktiven». Die Pesuma Group war mit gegen 4 Millionen Franken überschuldet.

Der Konkurs des «El Cubanito» kam für viele Angestellte und Besucher überraschend. Salsatanzlehrer Edi Arenas, halb Schweizer, halb Chilene, gab zu dieser Zeit Kurse im Club: «Ich bekam einen Anruf des Konkursbeamten: Ab sofort dürften wir den Club nicht betreten, er sei versiegelt.» Viele Beobachter der Szene waren konsterniert, auch Tänzerinnen und Tänzer konnten nicht verstehen, wie ein so erfolgreicher Club so kläglich enden konnte. Der «Tages-Anzeiger» berichtete am 12. Juli 2005 kurz über den Konkurs des «El Cubanito». Die Besucher seien bereits seit längerem ausgeblieben. Auch weil sie «durch die Geschäftspolitik vergrault worden» seien.

Mittlerweile sind die Forderungen der Gläubiger verjährt. Unter denen, die Geld verloren haben, ist auch Susanne Ramseier, wie sie sagt. Vom Club habe sie nichts mehr, nicht einmal Fotos: «Ich liess alles zurück.» Weggefährten von Pedro Martínez sagen unisono, sie wüssten nicht, wo er sich aufhalte, sie hätten keinen Kontakt zu ihm. Laut mehreren Quellen arbeitet er als Eventmanager in Dubai, den Vereinigten Arabischen Emiraten. Ich hätte gerne seine Version der Geschichte erfahren. Doch auch ich konnte zu ihm keinen Kontakt herstellen.

«DIE TANZKURSE WAREN PUMPEVOLL»

Das «El Cubanito» war nicht nur ein Club, sondern führte auch eine der ersten kommerziell erfolgreichen Salsatanzschulen in der Schweiz. Lehrer dort war lange Zeit der Bolivianer **Leonardo Franz.** Er war vermutlich der Erste in der Schweiz, der mit einer Tanzschule gutes Geld verdienen konnte. Das attestieren ihm viele Beobachter. Leonardo kam mit 19 Jahren von Laz Paz in Bolivien in die Schweiz und liess sich am Konservatorium in Winterthur und Luzern als Geigenlehrer ausbilden. Am Tag unterrichtete er Schüler im Geigespielen, am Abend im Salsatanzen. Inzwischen lebt Leonardo Franz mit seiner thailändischen Frau und seinem Sohn als Frührentner in Thailand.

«Im «El Cubanito» war ich zuerst Latin Boy. Ich ging auf die Besucher zu und vermittelte ihnen die Salsagrundschritte. Dazu trug ich ein Gilet, das angeschrieben war mit «Latin Boy». Ich sah schnell, dass die Leute die Grundschritte nicht beherrschten. Oder etwas plakativer ausgedrückt: Kein Schwein konnte Salsa tanzen. Da war mir klar, dass wir das ändern und im Club Kurse geben müssen.

Pedro und Susanne Martínez wollten am Anfang mit den Kursen nichts zu tun haben. Der Deal war: Ich organisierte und unterrichtete die Schüler, im Gegenzug kamen diese dann am Freitag an die Salsaparty und konsumierten. Ich spielte an den Partys zudem weiterhin den Latin Boy.

Vor dem ersten Kurs befürchtete ich, dass nur wenige Schüler kommen würden. Ich hoffte auf 10, das wäre gut gewesen. Doch es kamen 90! Das war gewaltig. Wir waren etwas überfordert ob der grossen Anzahl. Aber es ging trotzdem gut.

Im grossen Raum des «El Cubanito» konnte ich dann bald 25 Paare unterrichten, in den zwei kleinen Sälen 15 bis 17. Die Schüler kamen aus den unterschiedlichsten Milieus. Es waren reiche und einfache Leute darunter; Zahnärzte, Anwälte, Bankangestellte oder Putzfrauen. Es war eine total multikulturelle Szene. Zusammen mit meinem Bruder Robert gab ich schliesslich jeden Abend Kurse, und zwar von 19 bis 22 Uhr. Bis zu 20 Lehrer halfen uns dabei. Über die gesamte Zeit hatten wir mehr als 16 000 Schüler unterrichtet.

Ich baute ein Konzept für die Salsakurse auf, ein pädagogisches und didaktisches. Es beinhaltete sechs Kursstufen. Man startete mit Salsa basica. Mit diesen Grundlagen konnten die Schüler die weiteren Kurse für Mittelstufe und Fortgeschrittene besuchen. Andere Schulen haben dieses Konzept später übernommen. Robi war zuständig für die Basica, ich war etwas ehrgeiziger und wollte immer mehr. Wir versuchten pflichtbewusst, pünktlich und zuverlässig zu sein, waren sehr gut organisiert. Deshalb kamen die Schüler auch zu uns. Die Tanzkurse waren immer pumpevoll, alle ausgebucht jeweils, auch die Folgekurse.

Doch wir hatten rasch Neider. Es wurde hinter unserem Rücken getuschelt, weil wir so grossen Erfolg hatten. Andere Tanzlehrer bedrängten Pedro Martínez. Sie wollten sich auch im «El Cubanito» einbringen. So kam Gift in den Laden. Pedro seinerseits sah uns mehr und mehr als Konkurrenz. Schliesslich wollte er unsere Tanzschule übernehmen und uns hinauswerfen. Von einer Woche auf die andere. Wir wehrten uns, gingen vor Gericht und bekamen Recht. Wir sind dann aber trotzdem gegangen. In dieser vergifteten Atmosphäre wollten wir nicht bleiben, es war unmöglich, so Kurse mit Schülern zu machen. Die Zeit im «El Cubanito» war dennoch die schönste meines Lebens. Es war eine goldene Zeit. Es war alles so einmalig. **»**

DER KURZE GOLDRAUSCH

Mit dem Untergang des Zürcher Clubs El Cubanito setzte eine Entwicklung ein – vor allem in Zürich –, die man als «Salsaexplosion» bezeichnen könnte. Tanzlehrer und Partyveranstalter erkannten nun das wirtschaftliche Potential, das in der rasant wachsenden Bewegung steckte. Alle wollten sie ein Stück vom Kuchen ergattern. Mehrere voneinander unabhängige Quellen berichten, dass nach der Jahrtausendwende allein in Zürich über 50 Tanzschulen und einzelne Tanzlehrer Kurse anboten. Schulen und Reiseveranstalter verkauften Tanzreisen nach Rimini, Gran Canaria, Mallorca oder nach Havanna. Kursschiffe mit DJs und Salsapartys an Bord drehten am Samstagabend auf dem Zürich- oder dem Zugersee ihre Runden. Um den Helvetiaplatz im Zürcher Langstrassenquartier zog seit Mitte der 90er-Jahre jeden Sommer das «Caliente»-Festival Tausende in den Bann. Die «Neue Zürcher Zeitung» kam zum Schluss: «Die Salsafizierung Zürichs ist nicht mehr aufzuhalten.» Tanzlehrer **Juan Carlos Espinoza,** Chilene und Leiter der heutigen Tanzschule Pal Bailador in Zürich Wipkingen, erinnert sich: «Es herrschte eine Atmosphäre des Goldfiebers. Salsa war eine neue Art, Geschäfte zu machen.» Espinoza ist eine der auffälligsten Figuren in der Salsaszene. Er wirkt zwar zurückhaltend, fast scheu – trägt aber einen auffälligen Irokesen-Haarschnitt. Ein schmales Band schwarzer Haare ziert die Mitte des kahl rasierten Schädels. Er stammt aus Santiago de Chile, wo er seine Anfänge als Tänzer machte. In die Schweiz sei er gekommen, weil hier das Leben «Stabilität und Ordnung» biete. Es verschlug ihn nach Wohlen im Kanton Aargau, wo er erste Tanzkurse gab. Dort fand er seine «wahre Berufung, den Tanz». Später ging er nach London und Manchester, nahm dort Kurse für Tanzlehrer und Choreografen, lernte «alles, was mit karibischen Tänzen zu tun hat». Schliesslich zog es ihn für ein Jahr nach New York, wo er sich weiter ausbilden liess. «Dort begann meine Motivation, ein richtiger Tanzlehrer zu sein.» Auch er profitierte von den goldenen Zeiten, bereits damals führte er in Zürich eine Tanzschule.

Plötzlich konnten Tanzlehrer wie Juan Carlos Espinoza davon leben, Menschen Salsaschritte beizubringen. Ein Tanzlehrer aus der Innerschweiz berichtet: «Ich hätte überall unterrichten können, ich wurde förmlich überrannt von Angeboten. Ich gab bis zu 40 Stunden Unterricht pro Woche.» Andere Tanzlehrer sagten, sie hätten damals 400 bis 500 Schüler gehabt – pro Woche. Die erfolgreichsten waren die Kindergärtnerin Esther Staehelin und der Lehrer Patrick Hirzel aus Zürich. Sie bauten in dieser Zeit vermutlich die grösste Tanzschule der Schweiz auf. Auch grosse Clubs wie das «X-tra» in Zürich stiegen ins Salsageschäft ein und organisierten eine Party für gegen 800 Tänzerinnen und Tänzer: die «Salsamania». Im Zürcher Volkshaus startete eine der grössten Partys, die «Fiesta Candela».

Doch der Boom hatte seine Schattenseiten. Es ging nun plötzlich ums Geld, die Konkurrenz unter den Schulen und Partyveranstaltern wurde härter. Man buhlte um Schüler und um Tänzer. Und gelegentlich waren die Methoden nicht zimperlich. Man warf sich «Knüppel zwischen die Beine», wie es eine Tanzlehrerin nennt. Konkurrenten verteilten an fremden Partys die Werbung der eigenen Veranstaltungen – trotz der Bitte, dies nicht zu tun. Eine Veranstalterin berichtet, wie bei einer Party plötzlich die Polizei aufmarschiert sei. Der Grund: Ein Konkurrent habe eine Lärmklage gemacht.

Eine weitere Folge des Booms: Die Salsaszene begann sich zu zersplittern und aufzuteilen. Mittlerweile hatten sich beim Salsatanz zwei Hauptrichtungen etabliert: der kubanische Salsa, den man im Kreis tanzt, und der Tanz auf der Linie aus New York und Puerto Rico. Tanzschulen begannen sich zu spezialisieren und unterrichteten nur noch einen der beiden Stile. Zudem boten die Schulen zusätzlich exotischere Tänze und Spezialitäten an wie kolumbianischen Salsa oder Bachata aus der Dominikanischen Republik. Die Soziologin und Salsaexpertin Melanie Haller bestätigt die Entwicklung: «Die Szene begann sich auszudifferenzieren. Es kamen neue Stilarten. Sobald dies geschieht, kultiviert sich aber auch Neues.»

Heute ist vom Goldrausch nicht mehr viel zu spüren. Kleinere Tanzschulen und Partyveranstalter graben sich gegenseitig das Wasser ab. Die Szene zersplittert sich. Es hat zu viele Tanzschulen. Sie buhlen um die Schüler, müssen oft Kurse zusammenlegen. Ein Zürcher Tanzlehrer

Juan Carlos Espinoza in seiner Tanzschule «Pal Bailador» in Zürich

sagt: «Die goldenen Jahre sind vorbei. Früher starteten wir einen Kurs mit 16 bis 20 Schüler, heute mit 8. Man kämpft um die Schüler.» Wer eine Tanzschule aufmachen wolle, müsse Shows und Workshops an Partys geben und so Werbung machen. Schulen werben zudem mit aggressivem Marketing, locken mit den sportlichen Auszeichnungen ihrer Lehrer.

Juan Carlos Espinoza sagt, es gehe nur noch um Konsum und Geschäft: «Die Tanzschulen arbeiten nicht mehr miteinander zusammen, und sie respektieren sich gegenseitig nicht.» Auch ein anderer Tanzlehrer zieht ein ernüchterndes Fazit: «Ich spüre nicht mehr, dass die Salsaszene eine Familie ist.» Er sei enttäuscht: «Moral, Ethik und Respekt haben der Ignoranz Platz gemacht.» Salsa tanzen sei Ausdruck der Seele, heute gehe es um Wettbewerb. «Eine solche Entwicklung leitet den Untergang der Salsakultur ein.»

DAS MÄRCHEN IN DER MAGISCHEN HALLE

Abgewrackte Schwerindustrie. Kalte, leere Hallen und gesichtslose Betongebäude überall. Die Tanzhalle befand sich in einer düsteren Ecke. Es war das ehemalige Industriegelände des Stahlunternehmens Maag hinter dem Zürcher Escher-Wyss-Platz. Ich erinnere mich, als ich zum ersten Mal dorthin Salsa tanzen ging. Die Party fand immer am Freitagabend statt. Ich war damals kein guter Tänzer, hatte gerade meine ersten Kurse hinter mir. Im Dunkeln des Geländes sah alles gleichermassen abweisend aus. Wer sich hier nicht auskannte, fand kaum die richtige Adresse. Dann sah ich plötzlich durch die grosse Fensterfront einer Halle die Scheinwerfer leuchten, bis in die Nacht hinaus, in warmen Farben, gelb, rot oder blau. Ich machte die schwere Tür auf, eine Art Schleuse – und eine andere Welt erfasste mich. Salsamusik dröhnte laut aus den Lautsprecherboxen, der Geruch von Schweiss lag in der Luft. Hunderte Tänzer bewegten sich auf der Tanzfläche, einem wogenden Meer gleich. Im Vordergrund war eine grosse, eckige Bar, inmitten des Raumes. Barkeeper wuselten hin und her. Diese Szenerie saugte mich förmlich auf. Es war wie ein Märchen, ein Stadtmärchen. Dann tauchte ich ein in die Menge auf der Tanzfläche. Glücksgefühle. Vielleicht war dieser Abend der Grund, warum ich dem Salsatanzen bis heute treu geblieben bin.

Diese Tanzhalle war der Coup von **Esther Staehelin** und **Patrick Hirzel.** Sie ausgebildete Kindergärtnerin, er Lehrer, beide leidenschaftliche Salsatänzer. Sie führten Anfang der 2000er eine Tanzschule in Zürich, damals sahen sie, dass man diese Halle mieten konnte. Zumindest so lange, bis die Stadtbehörden wussten, was sie mit dem Areal machen wollten. Patrick Hirzel: «Das war ein Lebenstraum.» Innerhalb von sechs Wochen machten sie aus der unwirtlichen Industriehalle eine Partyhalle für Salsatänzer. Gemeinsam mit den Schülern arbeiteten sie Tag und Nacht. Esther Staehelin: «Die Lampen holten wir im Hallenstadion, die Bar machten wir aus alten Werkbänken der Firma Maag. Den Sockel gossen wir aus Beton.» Patrick Hirzel ergänzt: «Auch die Träger für die

Decke zogen wir selbst ein.» Über der Halle hatte es Räume, dort gaben die beiden die Tanzkurse. Der eigentliche Coup war: Die Eröffnung der Halle kam zeitgleich mit dem Konkurs des Clubs El Cubanito. Das schwemmte ihnen Tanzschüler und Partygäste zu. Beobachter bestätigen dies: «Die beiden hatten einen guten Riecher.» Andere berichten: «Sie konnten sehr vom Konkurs des ‹El Cubanito› profitieren. Menschen strömten in die Halle, es war ein regelrechter Boom.» Das Fest in der Tanzhalle überdauerte etwas mehr als zehn Jahre, dann musste sie einem Neubau weichen.

Ich treffe die beiden in ihrer jetzigen Tanzschule, die sich in der ehemaligen Bananenreiferei der Migros Herdern in Zürich West befindet. Ihr Lokal erreicht man so: Man steigt in einen Glaslift, eine Passerelle aus Glas führt einen dann ins Hauptgebäude, vorbei an der Migros-Kantine und am Portier, dann geht man durch eine schwere Tür in ein Treppenhaus aus Backstein und mit Metallgeländer und steigt auf die Dachterrasse. Ein nüchterner Bau. Die Salsarica-Tanzschule besteht aus mehreren Kursräumen, einer Terrasse und aus einem grossen Partyraum – mit der Bar aus der Maag-Halle. Wir nehmen an einem der Tische Platz. Esther Staehelin ist schlank, hat dunkle, lange, gewellte Haare. Sie stammt aus einer Pfarrersfamilie. Patrick ist etwas gedrungen, seine braunen Haare trägt er kurz. Ein Paar? «Ja, bevor wir die Tanzschule gründeten, waren wir eine Zeitlang zusammen», sagt Esther Staehelin. Sie hätten deshalb auch viele Hochs und Tiefs gehabt, hätten viel gestritten, aber immer weitergemacht. «Wir wollten an der Schule festhalten.» Die Abmachung lautete: «Wir tragen den Konflikt nie in den Kurs, wir machen vorher Waffenstillstand.» Und jetzt? «Wir sind ruhiger geworden.»

Salsarica ist heute die grösste Salsatanzschule in Zürich, wenn nicht sogar in der ganzen Schweiz. Sie bildet rund 800 Schüler in 50 Kursen aus. Die Schule hat sich vor allem dem kubanischen Salsatanz verschrieben, dem Salsa cubana. Das ist einer der Gründe, warum es in Zürich so viele kubanische Tanzpartys gibt. Unlängst ist aus dem Unternehmen eine Aktiengesellschaft geworden. Esther Staehelin blickt zurück: «Es war damals ein grosser Bedarf an Tanzschulen. Wir begannen mit zwei Kursen und dachten, das würde gehen. Doch es kamen so viele Schüler, dass wir zu wenige Lehrer hatten.» Die Schule wuchs rasant, ihr bestes

Jahr war 2009. «Wir hatten rund 6000 Anmeldungen, das war der erste Höhepunkt.» Patrick Hirzel fügt hinzu: «Uns sind viele Dinge geglückt.» Das Erfolgsrezept? Esther Staehelin: «Wir sahen uns immer als Grossfamilie. Wir sind liberale Geister, stopfen unsere Schüler nicht in Schubladen. Wir sind nicht ideologisch geprägt, wir sind keine Sekte.» Es brauche keine Tanzweltmeister im Team. Wichtig sei, dass es den Schülern wohl sei. Patrick Hirzel: «Wir kommen von hier, haben die gleiche Mentalität und Kultur wie die Schüler.» Ein Lehrer dürfe nicht überheblich sein. «Wenn ein Lehrer den Schülern vermittelt, nur er könne tanzen, dann gehen sie wieder.» Bei ihnen gelte: kein Leistungsdruck, kein Konkurrieren, kein Wettbewerb.

Die Schüler hätten sich aber gewandelt in den letzten Jahren. Esther Staehelin: «Heute machen viele Expats mit. Salsatanzen ist ein guter Einstieg in eine neue Stadt.» Zudem sei das Niveau in der Schweiz höher geworden. «Viele tanzen sehr gut.» Das würden auch Tänzer aus dem Ausland sagen. «Der Salsatanz in der Schweiz hat einen guten Ruf.»

DIE
TÄNZE

DIE TÄNZE

DIE TÄNZE

SO BRINGT MAN SCHWEIZERN DEN HÜFTSCHWUNG BEI

Ein schwülheisser Sommertag. Ein älteres Gebäude im Berner Mattequartier nahe an der Aare. Im Gang ist es kühl, doch aus dem engen Lift kommen verschwitzte Menschen, in der Kabine ist es stickig und feucht. Ich fahre in den fünften Stock, ins Dachgeschoss. Der Lift hält, die Tür geht auf, direkt in den Gang der Tanzschule, schweissnasse Atmosphäre. Salsatanzschule Muévete in Bern. Es ist eng, der Gang verwinkelt. Tanzlehrer **Arnaldo Rippes** begrüsst einen jungen Tänzer mit dem Kollegengruss, Schulter an Schulter. In einem Tanzraum machen verschwitzte Jungs wilde Bewegungen. Der Raum für den Kurs, den ich besuchen will, liegt auf der gegenüberliegenden Seite, er ist kühl, klimatisiert. Eine Bar mit Gläserablage, darauf ein Ventilator, der hin- und herschwenkt. An der Wand hängt ein grosser Spiegel mit Goldrahmen, daneben sind drei Vinylschallplatten an Nägeln befestigt, Erinnerungstücke an vergangene Zeiten. Am Deckengebälk hängt regungslos eine Spiegelkugel. Etwas mehr als ein Dutzend Tänzerinnen und Tänzer stehen an der Wand oder sitzen auf den Stühlen, die ihr entlang aufgestellt sind.

Tanzlehrer Rippes betritt den Raum. Mittlere Statur, schlank, erste graue Haare. Weisse Turnschuhe, dreiviertellange Trainerhose, schwarzes ärmelloses Shirt. Der linke Arm ist tätowiert, am Handgelenk trägt er drei Lederbändeli. Er klatscht in die Hände, es geht los. Auf dem Programm steht der kubanische Son, einer der wichtigsten Vorläufertänze von Salsa. Männer und Frauen stellen sich gegenüber in einer Reihe auf, «Ladys nach links». Dann zählt Arnaldo «6, 7, 8 – 2, 3, 4 – Go!» Die Linie bewegt sich nach links, bleibt dann wieder an Ort, dann bewegt sie sich nach rechts. «6, 7, 8 – 2, 3, 4 – Go!» Bis der Grundschritt einigermassen sitzt. Dann sagt Arnaldo Rippes plötzlich: «Die Frau hat ein Recht, einen Mann bei sich zu haben.» Aufruf zum Paartanz. Es geht eine Weile, bis es alle begreifen. Und dann schnappen sich die Frauen einen Mann.

Arnaldos Rippes in der
Tanzschule Muévete in Bern

Die Tanzschule Muévete in Bern hat sich spezialisiert auf die kubanischen Tänze. Dazu gehören neben dem kubanischen Salsa, dem Salsa cubana, der Son oder der Danzón. Arnaldo Rippes erklärt mir seine Unterrichtsmethode so: «Wir Kubaner sind mit den Bewegungen, die der Salsa erfordert, aufgewachsen.» Ein Lehrer in Kuba würde die Bewegungen des Salsatanzes ganz anders erklären. Die Schüler würden dort einfach nachmachen, was der Lehrer vormacht. Salsa ist ursprünglich ein Strassentanz. «In Lateinamerika, in Kuba oder Puerto Rico kann man beobachten, dass die Leute schon tanzen, wenn sie zur Busstation gehen oder einkaufen. Das kommt aus dem Körper heraus beim ganz normalen Gehen.»

In der Schweiz hingegen müsse man im Tanzunterricht klare Strukturen und Linien vorgeben. Und das funktioniere. «Ich habe versucht, mich in die Rolle eines Schweizers zu versetzen. Die Mentalität der Schweizer ist sehr auf Logik aufgebaut.» Er hält kurz inne. «Ich würde aber nicht sagen, dass man hier ausschliesslich mit dem Kopf und nicht mit dem Herzen tanzt. Schau nur, wie viele Schweizerinnen und Schweizer Salsa tanzen! Mag sein, dass es am Anfang durch den Kopf in den Körper gelangt ist. Am Schluss aber landet Salsa in der Seele.»

Doch nicht nur die Bewegungen, auch alle Ausdrücke und Begriffe sind hier anders als in Kuba. Die afrokubanischen Tanzbegriffe befremden die meisten Schweizer. Arnaldo Rippes: «Wenn ich sage, tanzt ein Eleggúa-Element, dann sagen die Schüler: Häh, wie bitte? Oder wenn ich sage: Geht nach oben, vacuna.» Bei allen Salsatanzstilen ist es deshalb so: Die Kommandos und Namen der Figuren sind auf Englisch: Cross-Body-Lead, Turn-to-the-Right. Rippes: «So bringt man den Tanz sehr nahe an die westliche Kultur.»

Arnaldo Rippes wuchs in Havanna auf, im Stadtteil San Miguel, studierte Medienpsychologie – und tanzte viel Salsa. «Das war mein Hobby.» Dann lernte er eine der späteren Gründerinnen von Muévete kennen, Theresa Schmid, und kam 1994 zum ersten Mal in die Schweiz. Die beiden haben einen erwachsenen Sohn, sind aber seit vielen Jahren nicht mehr zusammen. Jetzt leitet er die Salsaschule, zusammen mit der kubanischen Tänzerin Yanieri Martínez. «Von der Schweiz aus besuchte ich Kurse in England und in den USA, um den pädagogischen Unterschied zu sehen zwischen den kubanischen und den westlichen Tanzunterrichten.» Er lernte bei den Tänzern Robert Charlemagne und Leon Rose in England, in den USA bei Eddie Torres oder den Gebrüdern Vázquez. «Das hat mich sehr geprägt.»

Zurück im Son-Workshop. Die Paare haben sich gefunden, stehen vor Ort. Der linke Arm der Männer ragt fast rechtwinklig angewinkelt in die Höhe, die rechte Hand liegt hinter dem Schulterblatt der Frau. Die Frau legt den rechten Arm auf die Schultern des Mannes. Und los gehts: «Go! 6, 7, 8 – 2, 3, 4!» Es kommt die erste Drehung. Rippes ruft: «Frauen kommen von rechts hinten. Frauen nach vorn, Männer, das Lasso!» Die Männer heben den Arm und lassen die Frau unter ihren Armen durchgehen. «Haben wir das gut gemacht? Nein! Wir sollten es wiederholen.» Arnaldo gibt wieder den Takt vor: «6, 7, 8 – 2, 3, 4!» Dann erklärt er, wie die Männer das Viereck tanzen müssen; die Füsse schlurfen lassen, wenn sie sich überkreuzen, nicht mit ihnen trampeln: «Sonst sind wir ein Fall für den Orthopäden.»

Seit einigen Jahren arbeitet Arnaldo Rippes bei Swissdance mit, dem schweizerischen Tanzlehrerverband. Einer der Gründe: die unterschiedliche Qualität des Unterrichts. «Es gibt in der Schweiz mehr Salsalehrer als Emmentaler Käse.» Viele hätten ihren eigenen Stil, viele aber gar keine Ausbildung. Jeder könne eine Tanzschule aufmachen, wenn er wolle. In der Tat beklagen auch andere Lehrer den Wildwuchs. Für Schüler ist es in diesem Dschungel schwer, die Qualität eines angebotenen Kurses zu erkennen. Rippes: «Unsere Idee bei Swissdance war es, die Ausbildung zum Salsatanzlehrer zu standardisieren.» Das sei kein Widerspruch dazu, dass Salsa ja ursprünglich ein Strassentanz war. «Es war mein Ziel, dass ein Teil meiner kubanischen Kultur in die Tanzkultur der Schweiz einfliesst.» Die Standardisierung sei ein Garant dafür, dass sich eine Kultur verbreite. Sie würden in ihrer Berner Schule versuchen, den Salsa cubana zu standardisieren, auch die Bezeichnung der Figuren. So habe in Havanna die gleiche Figur in verschiedenen Quartieren einen anderen Namen. Das hat einen Grund: Es gibt dort auf der Strasse Tanzwettbewerbe in der Rueda de casino, in einem Gruppentanz, bei dem sich die Paare auf einem Kreis bewegen. Bei diesem Tanz sagt einer der Tänzer die Figuren vor. Rippes: «Keine Gruppe wollte, dass die andere wusste, welche Figuren sie vorbereitete. Deshalb gaben sie für die Figur ein anderes Kommando.» Wenn man sich beim Salsa cubana auf Namen konzentriere, werde es unübersichtlich: Wenn man sich hingegen auf Figuren konzentriere, sei es einfach: «Man hat eine rechte oder eine linke Drehung auf 1, 2, 3 und eine dritte auf 5, 6, 7. Dann fügt man ein paar Schritte ein. Fertig.»

Aus den Lautsprechern ertönt der Clave, der Grundtakt von Salsa und Son. Taa-taa-taa-tata. Arnaldo Rippes klatscht ihn mit den Händen vor. «Männer, schaut nicht auf den Holzboden, schaut die Frau an.» Rippes erklärt mir später, warum er das sagt: «Wenn die Frau beim Tanzen nach rechts dreht, schau sie an! Sie dreht für dich, und das ist keine Beleidigung für sie. Das gehört zur Kultur. Frauen drehen, Männer schauen die Frauen an und umgekehrt.» Auf der Strasse würden die Männer die Frauen anschauen und Frauen die Männer, warum denn nicht auch auf der Tanzfläche? «Es ist ein Spiel. Solche Hemmungen kennen wir in der kubanischen Kultur nicht. Ich möchte dies den Schweizern beibringen. Ja, das ist es, was ich will.»

Dann kommt der Höhepunkt des Workshops: die Bandera, eine wichtige Figur im Son cubano: Männer drehen die Frau auf einem Bein um ihre Körperachse, die Frau hält dabei das andere Bein gestreckt nach vorn. Fast wie im Ballett. Die Stimmung ist gelöst, jetzt lächeln Tänzerinnen und Tänzer. Ich verlasse den Raum und nehme wieder den Lift. Draussen ist mittlerweile ein heftiges Gewitter ausgebrochen, ein Bach fliesst durch die gepflasterte Strasse.

DIE KUBANISCHEN TÄNZE UND DER SALSA

Der Ursprung des Salsa liegt in Kuba. Die Grundlagen der Tänze dort liegen wiederum in afrikanischen Bewegungsmustern und -ritualen, welche die Sklaven, vorwiegend aus Westafrika, bis in die zweite Hälfte des 19. Jahrhunderts auf die Insel brachten. Zusammen mit den Musikelementen der spanischen Eroberer entwickelten sich Musikstile und daraus die Tanzformen Mambo, Son oder Danzón. Diese Tänze erreichten zwischen 1920 und 1950 New York, vermischten sich mit Elementen aus anderen lateinamerikanischen oder aus westlichen Ländern. So entstand in den 70er-Jahren in New York der Salsa, von dort eroberte er die Welt. Die kubanischen Tanzformen brachten Tanzpioniere in den 80er-Jahren in die Schweiz, Salsatanzformen aus New York oder Puerto Rico folgten erst etwa zehn Jahre später. Heute bekommen der kubanische Salsa und die kubanischen Tänze eine immer grössere Bedeutung. Einer der Gründe: Tanzschulen der kubanischen Tänze sind in der Regel gut organisiert, vermitteln nicht nur Kurse, sondern auch Tanzreisen nach Kuba oder organisieren kulturelle Anlässe.

Er ist die Krönung aller kubanischen Tänze: der **Salsa cubana.** Den schnellen und quirligen Strassensalsa nennt man auch «de la calle». Ein Ort, der den Tanz stark gefördert hat, war der Club Casino Deportivo im Stadtteil Miramar von Havanna. Dies gab dem Salsastil den Namen Casino. Auch wenn er sich in den 70er-Jahren parallel zum Salsa in New York entwickelt hat, unterscheidet er sich stark vom dortigen Tanz. Salsa cubana bedient sich der Elemente der kubanischen Tänze Rumba, Danzón, Son, Mambo oder Cha-Cha-Cha. Das Charakteristische: Das Paar dreht sich permanent im Kreis um einen Mittelpunkt und strahlt so eine grosse Einheit aus. Der Tanz ist schnell, verspielt, lebendig und wenig reglementiert. Dennoch gibt es eine Reihe von Figuren, weit über 100, die die Tänzer beherrschen können. Charakteristisch beim heutigen Tanz sind Einflüsse aus den USA, aus Miami, wo viele Kubaner leben und ihn weiterentwickelt haben: viele Drehungen der Tanzpartner mit den Armen über dem Kopf oder hinter dem Rücken. Gefordert sind weiche elastische Arme, Tänzer sprechen von «Spaghetti-Armen». Der Mann wickelt die Frau immer wieder ein. Er lässt sie praktisch nie los, führt sie auch im Kreis um sich herum, oft nur mit einer Hand. Das heisst, die Frau hat wenig Freiraum für eigene Interpretationen. Salsa cubana ist ein relativ leichter Tanz. Tänzer beginnen ihn auf den ersten Schlag des Taktes, was ihn schnell macht. In der Schweiz ist er mittlerweile der bedeutendste Salsatanz, er hat die anderen Formen wieder etwas verdrängt.

Den fröhlicher Gruppentanz des Salsa cubana, die **Rueda de casino,** tanzt man im Kreis – oder eben auf dem Rad, dem «La Rueda». Im Mittelpunkt steht der Ansager, der «Cantante», der zugleich die Rueda mittanzt. Auf seine Anweisungen hin tanzen alle Paare synchron die gleiche Figur. Er sagt auch an, wann die Tänzer ihren Tanzpartner wechseln sollen. Das geschieht ebenfalls synchron. Das Rad dreht sich. Über ein Dutzend Figuren lassen sich auf diese Weise zusammen tanzen, zum Beispiel Enchufla, Dame, Adiós con la hermana, Setenta. An praktisch jeder kubanischen Salsatanzparty gibt es eine Rueda.

Ruhiger und langsamer ist der **Son.** Den zuweilen etwas schwermütigen Tanz tanzt man mit dem Partner im Kreis. Der Son hat den Ruf eines Altherrentanzes. Er kam in Kuba Mitte des 19. Jahrhundert auf und vermischt spanische und afrokubanische Tanzelemente. Er gilt als die Urmutter des Salsa, des Cha-Cha-Cha oder des Mambo. In Kuba fand er nach der Unabhängigkeit der Spanier rasch viele Anhänger aus allen Bevölkerungsschichten. Nach der Revolution verlor er an Bedeutung. Eine Wiedergeburt erlebte er in den 90er-Jahren durch das musikalische Projekt «Bueno Vista Social Club» des amerikanischen Gitarristen Ry Cooder und des kubanischen Sängers Juan de Marcos González. Der deutsche Regisseur Wim Wenders machte aus dem Projekt den gleichnamigen Film.

Der vornehme Salontanz **Danzón** entwickelte sich im 19. Jahrhundert. Die Bewegungen der Tänzer sind langsam, elegant und ausdrucksstark. Der Tanz hat Ähnlichkeiten mit dem argentinischen Tango. Im Kuba der

Kolonialzeit war er lange der weissen Oberschicht vorenthalten, die ihn in privaten Clubs tanzte. Nach der kubanischen Revolution 1959 verlor er etwas an Bedeutung. 2013 ernannte ihn die Unesco zum immateriellen Kulturerbe von Kuba.

Der **Mambo** ist ein offener Paartanz und eine Mischung aus Danzón und Son. Er ist langsamer als der Salsa, aber wegen der komplexeren Rhythmen nicht einfacher zu tanzen. Tänzer machen oft alleine Figuren und Schritte, sind weniger auf den Partner fixiert. Die Frau hat entsprechend mehr Möglichkeiten, sich zu entfalten. Der Mambo gilt als Hauptvorläufertanz des Salsa. Er entstand in den 30er-Jahren in Kuba und kam etwa zehn Jahre später nach New York. Dort entwickelte man die Mambomusik rasch weiter und vermischte sie mit Swing- und Jazzelementen. Dies hatte auch auf den Tanz Auswirkungen: Er wurde rhythmischer und komplexer. Man tanzt ihn im Kreis und auf den Schlag zwei. Der ursprüngliche Mambo ist weitgehend verschwunden, der Salsa hat ihn verdrängt. Salsatanzschulen verwenden den Begriff Mambo oft, um ihre Salsakurse zu vermarkten.

Heiter und unbeschwert ist der **Cha-Cha-Cha.** Der Tanz ist eher langsam und hat einen charakteristischen Wechselschritt nach dem dritten und dem sechsten Schlag. Das erzeugt auf dem Parkett ein schnarrendes Geräusch. Beim Zuschauer entsteht der Eindruck, die Tänzer würden auf dem Parkett schweben. Er ist ähnlich schwierig zu tanzen wie Mambo, weil man nicht auf den ersten Takt einsteigt, sondern auch auf den zweiten. Entwickelt wurde er Anfang der 50er-Jahre auf Kuba aus dem Danzón. Kein Wunder, war seine Bezeichnung zuerst Neodanzón. Er gelangte rasch nach New York und wurde dort ein regelrechter Modetanz. Er hat sich bis heute gehalten und ist fester Bestandteil der Salsatänze.

Der **Pachanga** ist ein sehr schneller Einzeltanz mit raschen Schrittabfolgen. Der Tanz ist eine Mischung aus kubanischem Salsa und US-amerikanischem Charleston. Dieser Tanz gehört nicht zu den kubanischen Klassikern. Der kubanische Musiker Claudio Cuza soll die Pachangamusik Anfang der 50er-Jahre erfunden haben. Er mischte Elemente aus dem Son mit solchen aus dem Merengue, einem schnellen Tanz aus der

Dominikanischen Republik. Das schlug vor allem in der Karibik ein, wo der Pachanga sehr populär wurde. Der Tanz erreichte kurze Zeit später New York und verbreitete sich schnell in den USA. In der Schweiz hat der Tanz praktisch keine Bedeutung. Man entnimmt ihm höchstens Elemente und Figuren und setzt sie im Salsatanz ein. Sie machen die Soloeinlagen der Tänzer, die sogenannten Shines, attraktiver. Ein Tanzlehrer charakterisiert es so: «Der Pachanga ist eine Quelle, um die anderen Tänze zu bereichern.»

DER TANZKURS MIT MUISCA

Der Tanzkurs, an dem ich Muisca kennenlernte, fand in einem Industriequartier statt. Der Raum war im zweiten Stock eines schmucklosen Gewerbehauses, die eine Wand bedeckte ein grosser Spiegel. Jeder, der im Raum tanzte, konnte so seine Bewegungen genau kontrollieren. Gegenüber der Spiegelwand befanden sich die Fenster, die oft auch im Winter geöffnet waren. Schweiss und Dampf der verschwitzten Tänzer mussten irgendwo entweichen können. Zudem kühlte die frische Luft die erhitzten Körper. An dieser Fensterwand hatte es Stühle, auf denen die Tanzschülerinnen und -schüler sassen, schwatzten und warteten, bis der Unterricht begann. Es waren etwa acht bis zehn.

Nicht so Muisca. Sie sass jeweils gegenüber an der Spiegelwand auf einer tiefen Bank. So sicherte sie sich zum Eintanzen einen besseren Platz vor dem Spiegel. In den hinteren Reihen der Tänzer war die Sicht zum Spiegel meist verdeckt.

Die Tanzschülerinnen trugen oft enge Sportkleider, wie man sie auch im Fitnesscenter anhatte, zum Beispiel Tights oder Leggings. Nicht so Muisca. Sie hatte immer enge Jeans an, dazu ein Oberteil, ich erinnere mich gut an eines, das die Schulter frei liess. Mit ihm hätte sie an jede Party gehen können. An ihren Ohrläppchen hingen auffällige Stecker, oft Perlen, und ihre langen Haare waren offen.

Viele der männlichen Schüler trugen ein Sportleibchen und kurze Hosen. Ich hatte meist ein Leibchen an, das ich auch zum Wandern brauchte, mit einer Silhouette von Bergen drauf. Muisca sagte mir später, das sei eine Provokation für die lateinamerikanische Salsakultur.

Ich erinnere mich noch gut an jenen Abend, als sie zu unserer Tanzgruppe stiess. Ich setzte mich im Vorraum an das Tischchen, an dem unsere Tanzlehrerin mit einer Frau sass, die ich nicht kannte. Die Tanzlehrerin erklärte ihr, wie der Kurs funktionierte. Ihre schönen Augen und ihre ruhige Art fielen mir sofort auf. Wir sassen also an diesem Tischchen, als Muisca mit einer Handbewegung zu mir zeigte und die Tanzlehrerin fragte: «Ist er mein Tanzpartner?» Das irritierte mich, denn in Salsatanzkursen gibt es keine dauerhaften Partner mehr. Man wechselt ihn praktisch nach jedem Lied, sodass jede mit jedem tanzt. Aber Muisca war zum ersten Mal in einem solchen Kurs. Die Tanzlehrerin verneinte, und wir standen auf, als der Tanzlehrer in die Hände klatschte. Der Kurs begann.

Ich merkte in den folgenden Kursen, dass mein Blick immer wieder Muisca suchte. Wenn ich an der Reihe war, mit ihr zu tanzen, wurde mein Herz etwas wärmer. Später sagte sie mir einmal, sie habe sich in meine Hände verliebt, in die Berührungen beim Tanzen.

Irgendwann fragte Muisca in die Runde, ob jemand Interesse habe, an ein Salsakonzert mitzukommen. Die El Gran Combo de Puerto Rico würden in Zürich spielen. Die Band ist eine der ältesten Salsaformationen der Welt. Sie stammt aus Puerto Rico und hat zahlreiche Salsahits eingespielt. Ich hatte den Konzerthinweis bereits gesehen und sagte ihr, ich sei auch dort. Sonst wollte sich uns niemand anschliessen. Wir trafen uns vor der Halle, wo die Leute bereits in einer langen Schlange warteten. Drinnen schlüpften wir in unsere Tanzschuhe, der Saal war voll und heiss. Wir tanzten den ganzen Abend zuhinterst in der Halle, wo die Leute nicht mehr so dicht standen, bis wir total verschwitzt waren. Zwischendurch tranken wir an der Bar ein Bier und schwatzten. Ein Mann gegenüber beobachtete uns und lächelte uns zu. Kurz vor Mitternacht verliessen wir die überhitzte Halle. Ich begleitete Muisca zum Bahnhof. Ich war glücklich, ich dachte, das war der schönste Salsaabend, den ich je erlebt hatte.

Wir gingen danach viele Male tanzen, ins «X-tra» oder anderswohin, bis wir schliesslich das erste Mal zusammen auswärts essen wollten. Es war ein Restaurant im Zürcher Langstrassenquartier, das libanesische Mezze auftischte. Ich hatte das Lokal ausgesucht. Viele Studenten waren dort, es war voll. Muisca war sehr elegant gekleidet, das fiel mir sofort auf; Blazer, eine schöne Hose, geschminkt und perfekt frisiert. Sie hatte dieses Quartier zuvor immer gemieden. Es hat keinen guten Ruf, Prostituierte schlendern die Strasse auf und ab, Betrunkene pöbeln, der Drogenhandel ist dort. Gruppen von jungen Männern belagern die Essstände. Immer wieder gibt es Schlägereien. Laut, lärmig, schrill. Nach dem Essen schlenderten wir Richtung Bahnhof. Dann hielten wir plötzlich inne. Ich umarmte sie und drückte meine Lippen sanft auf die ihrigen.

WIE EIN ELVIS PRESLEY DEN SALSA NEU ERFAND

Eddie Torres ist heute ein Schwergewicht. Er erinnert unweigerlich an die Kunstfigur Elvis Presley in den späten Jahren: etwas behäbig, mit dem Glanz von besseren Zeiten. Seinen beleibten Bauch umspannt meist ein Glitzerhemd, oft in Violett, mit Rüschchen und Pailletten. Um den Hals baumelt eine schwere Silberkette. Der Gürtel ist breit wie derjenige eines Berufsboxers, der soeben den Weltmeistertitel errungen hat. Eine überdimensionierte Metallschnalle hält die Hosen über dem Bauch zusammen. Sein schwarzes Haar ist auffällig dicht.

Eddi Torres, Jahrgang 1950, einer der Hauptentwickler des Tanzes Salsa New-York-Style, des Salsatanzes auf der Linie. Er lebt zurückgezogen, Anfragen zu seinen Anfängen bleiben unbeantwortet. Eine Biografin hat sein tänzerisches Leben zusammengefasst. Torres hat puertoricanische Wurzeln, sein Vater war Sanitär, seine Mutter Angestellte im Krankenhaus. Er ist in Spanish Harlem in New York geboren, «im gleichen Spital wie Tito Puente», der berühmte Perkussionist, wie Torres gleich zu Beginn der Biografie erwähnt. Erwähnen muss, denn Puente hat ihm später die Tür zur internationalen Salsawelt geöffnet.

Noch immer soll er mit seiner Frau Maria Unterricht geben in ihrem Tanzstudio in New York. Seine öffentlichen Auftritte sind seltener geworden. Doch der Schritt ist noch der alte: Leichtfüssig zwirbelt Torres in seinen feinen Tanzschuhen auch mit über 70 Jahren mit seinen meist viel jüngeren Tanzpartnerinnen übers Parkett – unter dem frenetischen Applaus seiner Tanzjünger, die die Bühne umsäumen.

Eddie Torres hat den New-York-Salsa aus dem Mambo entscheidend mitentwickelt. Den aus Kuba importierten Tanz kultivierte man seit Jahren in New York, vor allem im legendären Club Palladium. Er befand sich an der Ecke der 53. Strasse West zum Broadway, also inmitten der Kulturmeile der Stadt. Von ihm ging eine unheimliche Energie aus.

Mambotanzpaare gaben sich auf der Tanzfläche Wettbewerbe und heischten um Beifall. Der Perkussionist Tito Puente, der später zu einem der wichtigsten Vertreter der Mambo- und Salsamusik wurde, hatte hier seine ersten Auftritte. Die Besucher waren Schwarze und Weisse. Schauspieler wie Marlon Brando oder Henry Fonda waren regelmässig Gäste, aber auch viele Musiker wie Samy Davis junior oder Dizzy Gillespie.

Doch nach der kubanischen Revolution 1959 ging die amerikanische Regierung gegen alles vor, was aus Kuba kam – auch gegen den Mambo und andere kubanische Einflüsse im «Palladium». Sie entzog dem Club schliesslich die Bewilligung für den Alkoholausschank. Das war das Todesurteil: 1966 musste er schliessen.

Die Tanzszene verlagerte sich in andere Clubs wie das «Corso» oder das «Cheetah», wo wenige Jahre später die ersten Salsakonzerte stattfanden. Eddie Torres, noch keine 20 Jahre alt, tauchte ein in diese Szene. Im «Corso» stiess er auf die ehemaligen «Palladium»-Tänzer, von denen er abschauen konnte. Torres Biografin: «Es gab damals noch keine Studios, in denen man diese lateinamerikanischen Tänze lernen konnte.» Die Nachtclubszene war der Nährboden für aufstrebende Tänzer wie ihn. Doch die Konkurrenz war da. «Es gab Tänzer, denen durftest du nicht auf die Schritte schauen, weil sie nicht wollten, dass du sie lernst.» In dieser Zeit, auch unter dem Einfluss der neuen Salsamusik, begann sich der Mambotanz zu verändern, er entwickelte sich zum neuen Salsatanz. Der Einfluss der kubanischen Kultur war stark geschwunden, der Einfluss der puerto-ricanischen Immigranten wurde hingegen stärker. Mambo ist ein weitgehend offener Paartanz, den man im Kreis ausführt. Die Betonung liegt zudem auf dem zweiten Schlag, was ihn schwierig macht. Doch die Paare begannen, die Mambofiguren nun nicht mehr im Kreis zu tanzen, sondern auf einer Linie hin und her. Sie tanzten vermehrt nahe zusammen und machten kaum mehr alleine Figuren. Torres Biografin: «Es entwickelte sich eine Faszination, Wendungen zu erfinden und mit dem Partner in Kontakt zu sein.»

Aber auch der Tanzstil Hustle spielte eine grosse Rolle. Man tanzte das Gemisch aus Swing, Cha-Cha-Cha und Discomusik oft zur neuen Salsamusik. Die US-Tanzwissenschaftlerin Juliet McMains: «Hustle ist der vergessene Link zwischen Mambo und Salsa.» Puerto-Ricaner, Afrikaner und Homosexuelle hätten ihn in Bars und in Schwulenclubs getanzt.

Eddie Torres trieb diese Entwicklung energisch und obsessiv voran. Er integrierte Elemente aus dem Ballett, aus dem Broadwaytanz oder dem Flamenco in die Bewegungen. Und: Er führte ein, dass Männer ihre Tanzpartnerinnen zu Drehungen anleiteten. Keine einfachen Drehungen, Mehrfachdrehungen, drei Mal, fünf Mal, am gleichen Ort. Ehemalige Mambotänzerinnen klagten, dass der neue Salsa vor allem aus Drehungen bestünde. Technik wurde plötzlich wichtig, akrobatische Figuren und Drehkombinationen, aber weniger das Gefühl, sich richtig zur Musik bewegen zu können. Torres soll dazu einmal gesagt haben: «Man bringt den Tanz aus dem Dschungel in die Studios, zivilisiert ihn mit Timing, Struktur und Theorie. Aber man bezahlt einen hohen Preis dafür.»

Der Unterschied zwischen dem Mambo und dem neuen Salsa war gross, wie Juliet McMains analysierte. Anders gesagt: Der Mambo war nicht mehr zu erkennen. Beim neuen Salsatanz auf der Linie führt der Mann die Frau praktisch permanent. Er diktiert, sie führt aus. Die Frau muss sich auch immer wieder vom Mann wegführen lassen, zum Ende der Linie. Dabei entblösst sie ihren Körper und ihre Brüste in Richtung der anderen Tänzer. Arme und Hände sind dabei oft flügelartig ausgebreitet. Sie demonstriert damit auch, dass sie sexuell verfügbar ist. Salsa ist aggressiver und sexuell aufgeladener als der Mambo.

Doch genau das war es, was den Leuten gefiel. Die Entwicklung war nicht mehr aufzuhalten. Der Musiker Tito Puente begann eine Zusammenarbeit mit Eddie Torres. Der gab bei Konzerten von Puente mit seiner Tanzgruppe immer wieder Einlagen. Dies verlieh dem neuen Tanz weiteren Auftrieb. Letztlich war das genau das Ziel von Torres: den Salsa auf die Bühne zu bringen und ihm Anerkennung zu zollen, wie sie Ballett oder andere Bühnentänze hatten.

Die Lehre von Torres verbreitete sich so rasch auf der ganzen Welt. Tanzwissenschaftlerin McMains sagt: «Es gibt wenige Tanzlehrer in New York, die nicht durch die Tanzschule von Torres gegangen sind.» Die jungen Tänzer integrierten auch moderne Elemente von Hiphop in den Tanz. Doch Torres war ein Traditionalist. Er besann sich vermehrt auf die Wurzeln des Salsa zurück und kreierte seinen eigenen Stil, den «Mambo-Style». Das gab ihm den Übernamen «The Mamboking». Umstritten ist allerdings, ob er sich den Namen selber gegeben hat oder andere.

Anfang der 90er-Jahre gingen die ersten Tänzer und Tanzlehrer aus der Schweiz nach New York, um bei Torres Salsa zu lernen. Das Wissen brachten sie zurück. Einer davon war der Bolivianer Leonardo Franz, damaliger Salsatanzlehrer im Zürcher Nachtclub El Cubanito. Er erinnert sich: «Ich reiste ein bis zwei Mal im Monat nach New York zu Meister Eddie Torres.» Dieser sei nicht nur ein guter Techniker gewesen, sondern auch ein feiner Mensch. «Er war genial – der beste Mensch und Lehrer. Er vermittelte die Freude am Salsa. Seine Devise: Hauptsache ist, man hat Spass beim Tanzen.» Andere folgten und eröffneten in der Schweiz Schulen, die nur noch den Tanz auf der Linie anboten. Bis anhin tanzte man ja hier nur den kubanischen Salsa. Es war die modernere und anspruchsvollere Art, sich zur Salsamusik zu bewegen.

Eine kleine Änderung brachte den Erfolg: Eddie Torres lehrte, den Tanz auch auf den ersten Taktschlag zu tanzen. Das machte ihn viel einfacher und damit um einiges populärer. Eine Beobachterin meint: «Es bedeutete den Durchbruch für Salsa in der Schweiz.» Ein Tanzlehrer hat eine Erklärung, warum der Tanz gerade bei Tänzern aus westlichen Kulturen so gut ankam: «Der Linientanz ist deutlicher und klarer als der kubanische Salsatanz.» Man beginne die Linie auf den Taktschlag 1 und beende sie auf dem Schlag 8. Dann wende man und beginne wieder von vorn. «Damit haben die Tänzer zwei Referenzpunkte. Das gibt ihnen eine Struktur, sie sind nie verloren.» Es sei auch für Tanzlehrer einfacher, dazu ein pädagogisches System zu finden. Allerdings war der Linientanz mit all den komplexen Figuren auch der Startschuss für eine neue Entwicklung. Auf dem Schüler lastete der Druck, die Figuren und Drehungen korrekt zu tanzen. Salsa musste man nun langwierig in den Tanzschulen lernen. Das nützten Lehrer aus, um die Schüler an sich zu binden. McMains: «Dank komplexen Figuren behält man Schüler im Unterricht, sonst fallen sie an der Party ab.» Und so hat der Tanz auf der Linie auch dazu geführt, dass die Freiheit der Salsatänzer plötzlich stark eingeschränkt war. Er brachte einen neuen Zweig der Tanzindustrie hervor.

DIE SALSATÄNZE AUF DER LINIE

Der Salsatanz auf der Linie hat mit den kubanischen Urformen des Salsa und des Mambo so gut wie nichts mehr zu tun. Der Grundschritt ist zwar noch der gleiche, doch Cubanotänzer können auf der Linie nicht mehr mithalten mit den Kombinationen und Drehungen. Umgekehrt sind Linientänzer mit den runden, weniger strukturierten Formen des Salsa cubana überfordert. Alle Begriffe des Linientanzes sind auf Englisch – ein Graus für jeden Kubaner, der die US-Amerikaner als Feind ihrer Revolution kennengelernt hat. So heisst der Seitenwechsel der Frau auf der Linie Cross-Body-Lead, das Äquivalent beim Salsa cubana immer noch auf Spanisch Dile que no. Im Linientanz aus New York sind vor allem Einflüsse aus Puerto Rico zu erkennen, aber auch von westlichen Tanzformen wie Flamenco, Ballett oder vom Swing. Immigranten aus Puerto Rico haben massgeblich dazu beigetragen, dass sich der Salsa weiterentwickelt hat. Kuba hatte zwar den grössten Einfluss auf die Geburt des Salsa, Puerto Rico jedoch auf die Weiterentwicklung und Verbreitung, auch im südamerikanischen Raum. Dort entstanden neue Formen des Tanzes. Zur erweiterten Familie der Salsatänze gehören schliesslich noch Merengue und Bachata. Sie stammen aus der Dominikanischen Republik.

Der erste Salsattanz auf der Linie war der **Salsa New-York-Style.** Er entwickelte sich in den 70er-Jahren zur Salsamusik. Eine der Haupttriebfedern war der Puerto-Ricaner Eddie Torres. New-York-Style ist ein eleganter, harmonischer und weicher Tanz. Die Betonung ist auf den zweiten Schlag, On 2, das heisst, die Tänzer hängen hinter dem Beat zurück. Das lässt ihnen genügend Zeit für Drehungen oder Körperrhythmik wie Wellenbewegungen (Body-Rolls) oder das Abbremsen der Frau auf der Linie. Das macht den Tanz aber auch schwieriger. Charakteristisch ist der Platzwechsel der Frau, der Cross-Body-Lead. Die Frau geht vor dem Mann auf der Linie auf und ab. Der Mann baut in diese Bewegung Figuren und Drehungen ein. Salsa New-York-Style ist ein geradliniger und kompakter

Tanz, den man mit kleinen Schritten ausführt. Die Körper bewegen sich nicht sehr extrovertiert, sondern eng geführt. Tänzer brauchen dadurch wenig Platz. Der Paartanz wird immer wieder durch Soloschrittkombinationen, sogenannte Shines, unterbrochen. Das gibt auch der Frau viel Raum, sich frei zu bewegen und zu entfalten. Tänzerinnen und Tänzer müssen ein Gefühl entwickeln für Musik und Rhythmus und versuchen, beide zu verstehen. Eine Unterform ist der Mambo-Style, eine Erfindung von Eddie Torres. Er setzte darin wieder vermehrt Elemente des Mambo ein. Eine leichtere Variante ist es, den New-York-Style auf den ersten Takt zu tanzen, also On 1.

Parallel dazu entwickelte sich der **Puertoriqueña-Style.** Er ist dem New-York-Style ähnlich, man tanzt ihn aber auf den ersten Takt On 1. Deshalb ist er schneller, auch die Drehungen sind rasanter. Man tanzt den Puertoriqueña-Style zudem offener, Tänzer präsentieren sich in auffälligen Schrittkombinationen, er braucht daher mehr Platz auf der Tanzfläche. Der Tanz eignet sich gut zum Einsteigen. Viele Schulen in der Schweiz bieten ihn in Kursen an.

Der **L.A.-Style** ist sehr schnell und akrobatisch, man bewegt sich bei über 200 Schlägen pro Minute. Kein Wunder, tanzt man den L.A.-Style auf den ersten Schlag, On 1. Tänzer attackieren den Beat. Aus dem Tanz geht eine explosive sexuelle Energie hervor. Die Beine der Tänzer berühren oft die Genitalien des Tanzpartners. Der Tanz enthält viele Choreografie- und Showelemente, auch viele Tangoelemente. Die Füsse sind manchmal über der Höhe des Kopfes. Oft braucht es grosse Schritte, denn beim Seitenwechsel der Frau gehen die Männer mit, so wird die Figur sehr lang. Die Tänzer brauchen viel Platz. Ein typisches Element: der Neck-Drop: Die Frau lässt sich nach hinten fallen, der Mann fängt sie an der oberen Schulterpartie knapp über dem Boden auf. Es gibt fast keine Soloschrittkombinationen, weil das Tempo zu hoch ist.

Entwickelt wurde der Tanz in den 90er-Jahren von den mexikanischen Brüdern Luis, Francisco und Johnny Vázquez in Los Angeles. Massgeblich war aber Letzterer, er nennt sich «El Principe de la Salsa», der Salsaprinz. Der kleine und schmächtige, aber äusserst quirlige Tänzer voller Tätowierungen lehrt in Mailand. Johnny Vázquez macht aber noch immer Shows auf der ganzen Welt. Ein Beobachter nennt ihn einen «Kracher von einem Tanzlehrer».

Von mittlerem Tempo ist der **Cumbia-Style,** man tanzt ihn eher im Kreis. Diesen einfachen, aber sinnlichen und eleganten Tanz übt man vor allem auf dem südamerikanischen Kontinent aus. Es ist ein Strassentanz. Die Grundschritte sind die des Salsa, allerdings mit einer Besonderheit: Man kreuzt beim Schritt rückwärts die Beine. Dies führt dazu, dass der Tanz sehr offen ist. Der Mann führt aber stark. Die Vorlage war der Cumbia colombiana, ein kolumbianischer Tanz. Dessen Elemente fliessen in den Cumbia-Style ein. In der Schweiz gibt es kaum Tanzschulen, die ihn lehren.

Der kolumbianische **Cali-Style** ist eine Weiterentwicklung des Cumbia mit Salsaelementen – in viel höherem Tempo. Es ist ein sehr explosiver Tanz auf den ersten Schlag, auf On 1. Der Grundschritt ähnelt jenem beim Cumbia, doch charakteristisch ist die schnelle Fussarbeit mit Kicks gegen vorne oder auf die Seite. Man tanzt ihn auf der Linie und im Kreis. Die Drehungen der Frau sind in der Regel etwas weniger komplex als beim Salsa auf der Linie. Es hat viele Twists, das heisst, die Tänzer drehen an Ort hin und her. In der Schweiz fristet der schwierige Tanz eine Aussenseiterrolle, kaum ein Studio lehrt ihn.

Fröhlich und lüpfig ist der **Merengue.** Den relativ einfachen Paartanz aus der Dominikanischen Republik tanzt man im Kreis. Tänzer betonen jeden Schritt und wippen dabei mit den Hüften. Der Beobachter hat den Eindruck, die Paare watschelten wie Enten im Kreis. Ein rhythmisches Akkordeon treibt die Tänzer an. Der Mann führt die Frau in eher langsamen Drehungen, auch um sich herum. In Lateinamerika tanzt man Merengue sehr schnell, explosiv und erotisch. Der Tanz gehört zwar zum festen Bestandteil der Salsatänze auch in der Schweiz – ist aber bei den Tänzern nicht besonders beliebt. Tanzschulen bieten ihn rudimentär an, an Partys legen ihn DJs heute nur noch selten auf.

Die romantische **Bachata** hat ihre Wurzeln in den 60er-Jahren in der Dominikanischen Republik. Mittlerweile gehört sie fest zur Familie der

Salsatänze. Sie ist relativ leicht. Man tanzt sie mehrheitlich im Seitenschritt, beim vierten Takt hebt man das Bein und zieht die Hüfte seitlich hoch, ähnlich wie beim Merengue. Bachata tanzte man ursprünglich sinnlich, hüftbetont und eng. In Europa führt man sie allerdings mit Abstand aus und integriert Figuren. Eine zittrige Gitarre und hohe heisere Trommelklänge sind das Herzstück der oft melancholischen Musik. Die Musik erkennt man sofort, sie hat Charakter eines repetitiven Ohrwurms. Tanz und Musik haben seit den 90er-Jahren enorm an Popularität gewonnen. Es gibt heute viele junge Tänzer, die gar keinen Salsa mehr, sondern nur noch Bachata tanzen.

«ICH TANZE GERNE AUF DER BÜHNE»

Eylem Elena Rodríguez ist Tanzlehrerin mit türkischen Wurzeln. Aufgewachsen ist sie im St. Galler Rheintal. Sie unterrichtet alle Arten von Salsatänzen und -bewegungen, vor allem aber Lady-Style. Sie tanzt seit den späten 90er-Jahren Salsa und tritt immer wieder an Shows auf – oft auch alleine. 2003 war Eylem Elena Rodríguez Schweizer Meisterin im Salsapaartanz. Sie ist mit dem kolumbianischen Musiker Rodrigo Rodríguez verheiratet und lebt mit ihrer Familie in Zürich. Beim Salsatanzen vermisst sie einiges – vor allem das Verständnis für die lateinamerikanische Kultur.

«Salsatanzlehrerin ist ein schwieriger Job für eine Frau. Sie ist auf einen Tanzpartner angewiesen. Wenn ich mit jemandem zusammenarbeite, muss es stimmen, sonst steige ich wieder aus. Dazu gehören Präzision beim Tanzen, Pünktlichkeit und Zuverlässigkeit. Heute unterrichte ich hauptsächlich Frauen im Lady-Style. Dabei geht es um Figuren für die Frauen, wenn sie alleine tanzt. Mein Lieblingstanz ist Salsa New-York-Style On 2. Man braucht musikalisches Gespür. Es ist ein tiefgründiger Tanz, man muss die Musik auseinandernehmen, den Rhythmus spüren.

Nach Zürich zog ich 2002. Ich rutschte schnell in die Szene hinein. Ich spürte, ich hatte das Talent zum Tanzen, und wollte es unbedingt gut können. Im Club El Cubanito war ich bald Tanzassistenz der Tanzlehrer. Es war eine der ersten Tanzschulen überhaupt, und wir unterrichteten Salsa puertoriqueña auf der Linie, aber auch Salsa cubana. Damals begann ich, in Showgruppen zu tanzen, zum Beispiel bei der Cubanito Dance Company. Ich liebe Shows. Ich stehe gerne auf der Bühne und zeige mein Können und meine Leidenschaft. Mein letzter grosser Auftritt an einem internationalen Kongress war allerdings 2015. Jetzt hat meine Familie Priorität.

Salsa ist für mich nicht nur das Tanzen, es ist eine Kultur. Das sehen leider die wenigsten so, und sie leben es auch nicht. Zum Beispiel gehen viele Leute im Trainingsanzug tanzen. Doch Salsa ist kein Sport, er ist Teil der lateinamerikanischen Kultur. Das zelebriert man. Man geht vorher duschen, schminkt sich, zieht sich wunderschön an, die Männer tun das auch. Dann geht man in den Club, trinkt dort zuerst etwas an der Bar, einen Mojito oder sonst was Feines. Und dann lässt man sich auf den Tanz ein, auf das Spiel des Flirts und der Verführung. Das hat nichts mit der Person zu tun, beim nächsten Tänzer wiederholt man ja das gleiche Spiel. Im Salsatanz verhält sich die Frau sehr feminin, der Mann maskulin, er führt. Beim Tanzen ist man ein Paar. Tanzen ist Lebensfreude, man lacht und hat Spass – und dann geht man wieder nach Hause. Leider praktizieren das nur wenige. Ich sehe viele ernste Gesichter, viele verziehen keine Miene beim Tanzen. Die Leute sind so fest auf die Figuren fixiert, es gibt kaum einen Break, eine Pause, kaum ein Loslassen für Pasitos, die Soloschritte. Die Latinos müssen sich in der Schweiz anpassen. Ich finde deshalb, die Schweizer müssten sich auch anpassen, wenn sie beim Salsatanzen in die Latinokultur eintauchen. Vor allem die Männer kleiden sich oft sehr schlecht, kommen in einem schlabbrigen T-Shirt. Das sieht man in Lateinamerika kaum.»

DIE PARTYS

DIE
PARTYS

IM RAUSCH DER PHEROMONE

Es ist Donnerstagabend, kurz nach 22 Uhr, vor dem Club X-tra beim Zürcher Limmatplatz. Frauen und Männer huschen den Abschrankungen vor dem Eingang entlang, reihen sich in die Schlange ein. Viele Frauen haben Rucksäcke dabei, die Männer kleine Taschen mit Tanzschuhen. An der Glastüre steht der Security-Mann, er öffnet nach einem kurzen Blick die Glastüre und wünscht einen schönen Abend. Es ist «Salsamania», eine der grössten Salsapartys in der Schweiz.

Die Frauen verschwinden in der Toilette, wo ein regelrechtes Gedränge herrscht. Umkleidekabinen gibt es nicht. Und wenn sie herauskommen, sind sie Wesen von einem anderen Stern, kaum mehr wiederzuerkennen. Sie tragen nur noch ein leichtes Tanzkleid, kurze Hosen, der Bauch ist oft frei, einen BH, mehr nicht. Man sieht viel Haut. Sie stehen auf goldenen oder silbernen Tanzschuhen mit hohen Absätzen. Dann eilen sie die steile Steintreppe hoch, aus dem Tanzsaal dort oben ertönt bereits der laute Salsasound. Die Männer machen es sich oft einfacher. Viele sind in der Strassenkleidung und ziehen sich auf der Treppe ihre Tanzschuhe an. Oder bleiben in den Turnschuhen.

Das Outfit der Frauen lässt sich vordergründig so erklären: Salsa tanzen ist sehr schweisstreibend. Auf der Tanzfläche drängt sich Paar an Paar. Innert Kürze ist das Shirt verschwitzt. Viele Männer tragen in den hinteren Taschen der Jeans ein Schweisstuch, mit dem sie sich immer wieder über den klatschnassen Kopf fahren. Im kleinen Zürcher Club Silbando ist es jeweils so feucht vom Schweiss der Tänzer, dass das Kondenswasser von der Deckenverschalung tropft.

Doch es gibt eine ehrlichere Erklärung für das lockere Outfit: Frauen müssen auffallen – und gefallen. Bei den Partys geht es um das Laszive, diesen Mix aus lauter Musik, Bewegung, Hormonen, Schweiss – und die Nähe des anderen Geschlechts. Das Spiel der Verführung, der Flirt, der drei Minuten dauert und dann mit dem nächsten Tanzpartner wieder neu beginnt. Ein Salsapionier sagt es so: «Es geht um die Pheromone.

Beim Salsatanzen ist man so nah bei der Frau, dass man die Pheromone riecht.» Das ist natürlich im übertragenen Sinn gemeint: Pheromone sind Lockstoffe aus dem Reich der Insekten. Die stossen sie aus, wenn sie sich paaren wollen. Eine attraktive Tänzerin in einem sexy Outfit hat in diesem Spiel die besseren Karten.

Kommt dazu: In der Partywelt des Salsa bestimmt der Mann. Er fordert die Frau zum Tanzen auf und nicht umgekehrt. Immer noch, von wenigen Ausnahmen abgesehen. Salsa ist der Tanz der Machos. Sie bestimmen an den Partys die Figuren, sie bestimmen die Drehungen, sie bestimmen, ob das Paar geschlossen oder in offener Position tanzt. Die Frau hat nur eine Möglichkeit, dem auszuweichen, wenn es ihr nicht passt: sich nach dem ersten Lied zu verabschieden. Immer wieder kann man beobachten, wie Frauen fast den ganzen Abend am Rand der Tanzfläche sitzen und warten, bis sie ein Mann anspricht. Ein Anachronismus in einer Zeit, wo Frauen den Männern gesellschaftlich in vieler Hinsicht gleichberechtigt sind. Die deutsche Soziologin und Salsaexpertin Melanie Haller sieht das so: «Im Salsa ist man direkt. Es geht um das Spiel mit den Geschlechterrollen. An einer Salsaparty muss man nicht fragen, welches die Männer und welches die Frauen sind.» Ihre Erklärung: Zwar hätten sich in den vergangenen Jahrzehnten Männer und Frauen in der Gesellschaft immer mehr angeglichen, in der Kleidung oder im Verhalten. «Das weckt gleichzeitig die Sehnsucht danach, sich vom anderen Geschlecht wieder zu unterscheiden.» Den Wunsch auch nach einer Kultur, in der man die traditionellen Geschlechterrollen wieder ausleben dürfe – ohne dass dies weiter eine Auswirkung auf den Alltag habe. «Und eine Kultur wie Salsa kann das anbieten.»

Ein Tanzlehrer verteidigt die verteilten Rollen so: «Es geht um einen Tanz auf der Tanzfläche. Es ist nicht die Frage, ob eine Frau nicht emanzipiert ist, nur weil sie sich dort bedingungslos führen lässt. Es geht um die Rollenverteilung. Ohne Hintergedanken. Ohne den Hintergedanken, die Frau zu beherrschen. Ohne den Hintergedanken, sie müsste für ihn kochen oder die Hemden bügeln. Es passiert nichts in dieser Richtung, das Paar ist nur am Tanzen.»

Doch nicht nur Frauen müssen sich den Regeln des Salsatanzes beugen. Auch auf den Männern lastet Druck. Sie müssen gute Tänzer sein, damit sie bei den Frauen landen können. Und das heisst: viele Kurse an

Tanzschulen besuchen. Ein DJ sagt: «Der Druck auf die Männer ist gross, gut tanzen zu können. In Zürich ist er am grössten. Wenn in Zürich ein Mann nicht so gut tanzen kann, geben ihm die Frauen lediglich einen Tanz. Das wars dann.»

Kein Wunder, hat sich das Salsatanzen zu einem regelrechten Wettbewerb entwickelt. Wer kann die komplexeren Figuren? Wer die eleganteren Soloeinlagen? Wer ist der beste Tänzer? Beobachter sind sich einig: Salsa tanzen artet mittlerweile aus zu einer regelrechten «Figurenbolzerei» mit Mehrfachdrehungen, komplexen Kombinationen. Die deutsche Sporthochschule Köln führte 2010 im Rahmen einer Dissertation eine Umfrage unter mehr als 2000 Salsatänzern durch. Sie kommt zum Schluss: «Es zeigen sich Tendenzen einer Versportlichung des Salsatanzes.» Es gehe um eine «figurenorientierte Umsetzung mit perfektionistischem Anspruch». Die Tänzerinnen und Tänzer würden ihre gesellschaftlich geprägte Leistungsorientierung mit in die Szene hineinnehmen und erzeugten Anerkennung, aber auch sozialen Druck.

Ein weiterer Grund: Der laszive und gefühlvolle Salsatanz überfordert viele Schweizer Männer. Mit Hilfe der Technik können sie ihre Unsicherheit gegenüber der Musik, der fremden Kultur, dem Tanz und der Tanzpartnerin kaschieren. Eine Salsapionierin sieht das allerdings kritisch: «Das ist ein völliges Missverständnis. Was hier abläuft, hat nichts mehr zu tun mit dem ursprünglichen Salsatanz. Salsa ist kein Wettbewerb. Man muss auf die Musik hören, auf die Betonungen, auf die Perkussion, auf die Pausen. Man muss beim Tanzen mit der Musik mitgehen, nicht mit dem Tanz versuchen, die Musik zu durchbrechen.»

Diese starke Entwicklung der Tanztechnik hat zu einem weiteren Phänomen geführt: Es gibt kaum mehr eine Party mit einer Tanzfläche für alle. Das Niveau der Tänzer ist so hoch geworden, dass man es kaum mehr schafft, alle Salsatänze gut zu beherrschen. Jede Szene, jeder Salsatanzstil hat deshalb ein eigenes Tanzparkett oder eine eigene Party; die Cubanoszene, die Anhänger des Tanzes auf der Linie, die Bachataszene oder die Kizombaszene. Der Zürcher Club X-tra hat eine riesige Tanzfläche für Salsa, in den Nebenräumen legen DJs für Salsa cubana, Bachata oder Kizomba auf. Latinos gehen vermehrt an eigene oder Reggaetonpartys, wo man karibische Musik mit modernen Einflüssen spielt, zum Beispiel Hiphop. Ein DJ sagt: «Früher tanzten alle einfach

Salsa. Heute gibt es eine starke Segregation zwischen den Stilen. Die Szene hat sich zerfleddert.»

Dennoch, was geblieben ist: Salsapartys sind Orte des Glücks und der Schönheit – und der Sehnsucht. Manche Veranstalter vermitteln das mit Partynamen wie «Salsalove» oder «Caribbean Night». Die Leute lachen, schauen den Tänzern zu, trinken etwas an der Bar, suchen den Blickkontakt mit dem anderen Geschlecht. Trübsal und Schicksal haben keinen Platz. Es ist ein Ort der jungen und hübschen Leute, kaum ein Übergewichtiger, kaum jemand mit einer körperlichen Beeinträchtigung. Die Umfrage der deutschen Sporthochschule Köln kommt zum Schluss: Für die meisten befragten Tänzer geht es beim Salsatanzen um «Spass» oder darum, «alles um mich herum zu vergessen». Das «erotische Tanzen» hat einen etwa gleich hohen Stellenwert wie «Freunde treffen». Ein Zürcher Tanzlehrer schildert es so: «Die Tänzer arbeiten die ganze Woche und wollen dann am Freitag oder am Wochenende die Party voll geniessen können, die Sorgen zu Hause lassen.» Saturday Night Fever mit erotischer Begleitnote. Jeder zweite Tänzer bezeichnet sich in der deutschen Umfrage als süchtig. Das heisst, er geht mehrere Male in der Woche an Partys Salsa tanzen.

Im Zürcher Club X-tra ist es mittlerweile zwei Uhr morgens. Die Tänzerinnen kommen aus der grossen Halle, nehmen ihre Rucksäcke und verschwinden wieder in der Toilette. Wenig später kommen sie heraus, gekleidet wie graue Mäuse. Ihre schrillen Tanzoutfits sind wieder im Rucksack verschwunden. Sie sind allein, wie sie gekommen sind. Aber glücklicher. Salsapartys sind weitgehend Singlepartys. Gelegentlich findet sich ein Paar. Aber die meisten, vor allem die Frauen, kommen zum Tanzen und nicht für einen Flirt an der Bar. Ihr Flirt ist der Tanz. Bei Männern mag das anders sein. Die Frauen verschwinden mit ihren Rucksäcken in der dunklen Nacht, bis sie am nächsten Donnerstag wieder an der «Salsamania» auftauchen. Oder vielleicht schon am kommenden Tag an einer anderen Party. In Zürich kann man ja mittlerweile jede Nacht irgendwo Salsa tanzen.

DIE PARTYS

«JEDE SZENE BEKAM IHRE EIGENE MUSIK»

Juan Silva ist einer der wenigen Partymacher in der Schweiz, die von Partys leben können. Sein Unternehmen, die Juanes Events, organisiert vor allem Salsa-, Reggaeton- und Bachatapartys, vorwiegend in Zürich. Er ist in den «besten Clubs» drinnen, wie er sagt; im «Vior», im «Hard One», im «Xtra» oder im «Kaufleuten». Juan Silva kam 1988 von Lima, Peru, in die Schweiz. Er sagt: «Es war schwierig in meiner Heimat, die politische wie die wirtschaftliche Situation.» In Zürich begann er Salsa zu tanzen, später machte er eine Tanzschule auf. Dann entdeckte er seine Begabung, Leute an Partys zusammenzubringen. Aus der Idee wurde ein Geschäftsmodell. Silva wohnt mit seiner Familie in der Agglomeration von Zürich.

«Mein Erfolg hat einen Grund: Ich fokussierte mich immer auf die Zielgruppen. Ich bewarb die Szenen einzeln, nicht mit einem allgemeinen Plakat. Ich ging auf sie zu, auf die Brasilianer, auf die Kubaner, auf die Domreps, und machte bei ihnen Promos. Jede Gruppe bekam im Volkshaus einen eigenen Saal mit ihrer Musik. So hatte ich alle Gruppen unter einem Dach. Hätte ich das nicht so gemacht, wären sie nie gekommen. Die einen wollten Cola, und sie bekamen Cola. Die andern wollten Fanta, und sie bekamen Fanta.

Bei meiner ersten Party im Zürcher Volkshaus, der «Fiesta Candela», mietete ich nur einen Saal, doch 800 Leute kamen! Ein Jahr später mietete ich einen zweiten, im dritten Jahr den dritten. Wir wuchsen schnell. Nach drei Jahren hatten wir sechs Tanzfloors und gegen 3000 Besucher. Bald konnte ich es nicht mehr alleine machen, die Kosten wurden trotz den vielen Besuchern zu gross. Die Miete des Volkshauses ist sehr teuer. Also suchte ich Sponsoren.

Inzwischen ist das Geschäft härter. Die Salsaszene ist zersplittert. Es gibt zu viele kleine Partys. Es ist auch für uns schwieriger geworden. Veranstalter von Hiphoppartys schielen immer mehr in Richtung Latin-

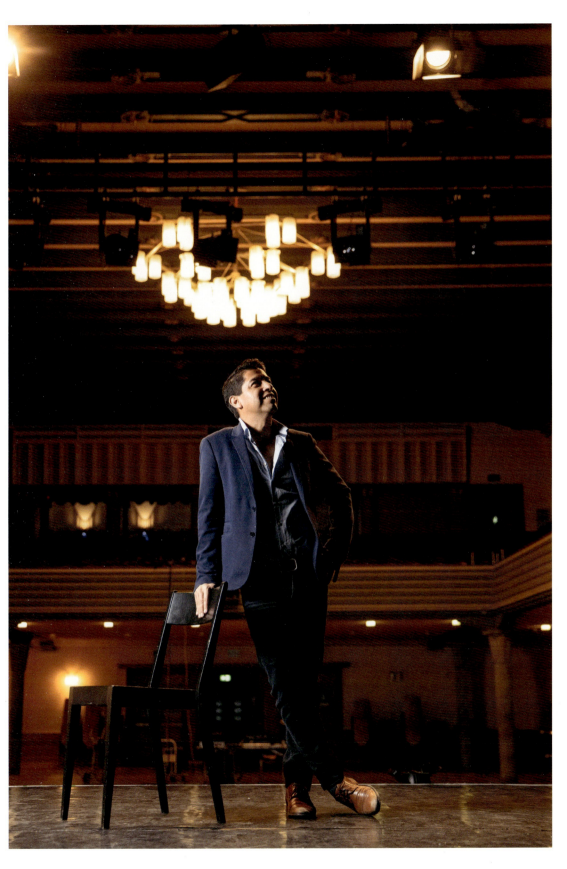

partys, machen vermehrt Reggaetonpartys. Das macht mir aber keine Angst, wir sind stabil. Wir haben Vorsprung, einen guten Namen. Wir haben viel dafür gearbeitet. Wir versuchten, mit den Clubs und Tanzschulen Beziehungen aufzubauen und nicht nur Business zu machen. Wir gewannen dadurch viel Vertrauen. Das war ein langer Prozess. Viele Latinos haben probiert, was wir machen. Doch keiner schaffte es.

Zwischen einer Salsaparty und einer Reggaetonparty gibt es grosse Unterschiede. Salsa tanzen ist wie ein Sport. Es ist gut für die Gesundheit, gut zum Relaxen. Man kann total abschalten. Salsatänzer trinken nicht. Keiner kann es sich leisten, betrunken zu sein. Dann könnte er die Frau nicht gut führen. Salsatänzer sind zwischen 25 und 45 Jahre alt.

Das Reggaetonpublikum trinkt viel, und es ist jung: zwischen 18 und 25 Jahre. Alle Lounges sind immer früh ausgebucht. An die Reggaetonpartys kommen jedes Mal 1000 bis 1200 Leute, bei Salsapartys ist es die Hälfte. Bei Reggaetonpartys ist der Eintritt tiefer, dafür konsumieren die Leute mehr. Bei den Salsapartys ist der Eintritt höher, doch die Tänzer trinken ja wenig. Partys mit kubanischer Musik versprühen mehr Spass und Freude. Kubaner machen gute Stimmung. Puerto-ricanische Partys sind eher ruhiger. Leute aus der Dominikanischen Republik tauchen an Salsapartys nicht auf, sie sind keine Salsatänzer. Aber sie kommen an Reggaetonpartys.

Ich bekomme viele Angebote von Bands, die an unseren Events spielen möchten. Unser Konzept sind aber die Partys. Eine kurze Tanzshow liegt vielleicht drin.»

«EIN GUTER DJ GEHT AUF DIE TÄNZER EIN»

Der Berner **Peter Balmer** ist Lehrer und ausgebildeter Opernsänger. Er studierte an der Musikhochschule Luzern und am Opernstudio in Freiburg im Breisgau. Später sang er auf den Bühnen in Freiburg, Hannover und Mainz. Doch er liess sich bald zum Heilpädagogen umschulen. Opernsänger zu sein, bedeute «Stress und grossen Druck». In dieser Zeit fand er zum Salsa. Über den Tanz kam er zum Auflegen, «eher zufällig», wie er sagt. Seit 20 Jahren ist er DJ an den grossen Salsapartys. Peter Balmer hat einen Sohn und eine Tochter und lebt im Berner Oberland.

«Ein guter DJ geht auf das Publikum ein. Jeder, welchen Stil er auch immer tanzt, sollte auf seine Rechnung kommen. Wenn ich einen Abend lang schnellen Salsa auflege, laufen die Leute davon. Es sollten alle Stile Platz haben, auch Bachata oder Merengue. Wenn Kubaner kommen, lege ich Timba auf. Oft baue ich die Tempi auf, von langsamen zu immer schnelleren Rhythmen. Danach bringe ich wieder langsamere Musik zum Erholen.

Ich muss auch Wünsche erfüllen können. Es sind fast immer Frauen, die sich ein Lied wünschen. Allerdings kann ich nicht auf jeden Wunsch eingehen. Das Lied muss tanzbar sein und erst noch in den Ablauf passen. Nach einer Timba ein langsamer Salsa – das geht nicht, ausser ich möchte bewusst die Stimmung wechseln. Zudem muss ich das Stück kennen. Das Risiko ist sonst viel zu gross für mich.

Die Ansprüche an die DJs sind gestiegen. Man braucht eine grosse Musiksammlung, um als DJ anfangen zu können. Man darf auf keinen Fall immer das Gleiche auflegen, die Musik muss vielfältig sein, ein Abend dauert ja etwa von 21 bis 3 Uhr. Da passen theoretisch 100 Stücke hinein. Ich habe jeweils vier bis fünf Koffer dabei mit etwa 600 CDs. Jede ist bearbeitet mit einem Code. So kann ich innert Sekunden ein Stück abrufen. Die Codes muss ich im Kopf haben. Je mehr Material ich dabeihabe, umso besser kann ich auf das Publikum reagieren.

In einigen Bachataliedern singen die Sänger zum Teil falsch, entweder zu tief oder zu hoch. Um das zu erkennen, kommt mir meine Ausbildung als Opernsänger zugute. So etwas lege ich nicht auf, die Musik muss exakt sein. Der Takt, die Tonlage, alles muss stimmen. Es gibt Salsalieder, die einen Taktwechsel haben oder plötzlich schneller werden. Das stört die Tänzer. Die Leute spüren sofort, wenn etwas nicht stimmt, auch wenn sie nicht erkennen, wo der Fehler liegt. Es freut mich immer, wenn sich ein Tänzer meldet, weil er eine Irritation bemerkt hat.

Natürlich geht es bei der Salsaparty um mehr als ums Tanzen. Viele Paare haben sich so gefunden. Ich beobachte alle Kombinationen: Plötzlich erscheint ein Tanzpaar als Liebespaar. Oder dann erscheint eine Tänzerin gar nicht mehr, weil sie woanders einen Partner gefunden hat. Und der will dann nicht, dass seine neue Freundin weiterhin an Salsapartys geht.

Ich sehe auch, dass sich Frauen freuen, wenn ein Mann tanzen und sich im Raum bewegen kann. Einer, der tanzen kann, hat bei der Partnersuche einen Selektionsvorteil. Ich kenne keine Frau, die sich beklagt, weil der Tänzer schlecht war. Es kommt nicht so drauf an, wie gut der Tänzer ist, auf die Anzahl Drehungen, die er mit ihr macht. Wichtiger ist: Männer müssen es schaffen, dass sich die Tänzerin wohl fühlt. »

DIE PARTYS

MUISCA UND DIE GIERIGEN TÄNZER

Die Salsapartys waren bald das grosse Lebenselixier von Muisca und mir. Wie von Sinnen tauchten wir ein in diese Welt der wilden Rhythmen und Lichtspiele. In diese Masse von schweissnassen Körpern, die, einer Trance gleich, im Tanz miteinander verschmolzen. Vor allem an grossen Partys wie der «Salsamania» im «X-tra» oder im «Gran Casino» kam diese heftige und intensive Atmosphäre auf, wenn 500 oder noch mehr Tänzer den Saal füllten, ihn zum Vibrieren brachten. Es gab uns Kraft und Energie, wir ritten gemeinsam auf diesen Wellen des Glücks.

Weil die Partys so spät begannen, entwickelten wir ein Partyritual: Wir assen gegen 19 Uhr etwas und gingen dann eine Stunde schlafen. Muisca nahm sich anschliessend viel Zeit im Badezimmer, machte ihre Haare, schminkte und parfümierte sich. Das erste Minenfeld des Abends war ihre Frage: «Was soll ich anziehen?» Klar, im Saal war es heiss. Ich fand aber immer, ein Tänzer sollte Muisca nicht an der blossen Haut am Rücken oder am Bauch führen können. An Partys waren überwiegend Singles, wir aber traten ja als Paar auf.

Ich hatte sowieso das Gefühl, alle Männer wollten nur mit Muisca tanzen. Wenn ich sie kurz auf der Tanzfläche allein liess, sprach ein anderer Tänzer sie sofort an. Wenn wir zusammen die Tanzfläche verliessen, fingen Männer sie ab für einen neuen Tanz. Wenn ich an die Bar etwas trinken ging, war sie schon wieder weg auf der Tanzfläche. Ich sagte ihr dann: «Die Salsatänzer sind so gierig.» Sie winkte ab und meinte: «Männer sind doch nur Tanzgeräte.» Es gab zudem diese Männer, oft etwas ältere, die an fast jeder Party auftauchten, immer allein, tanzten und allein wieder gingen. Sie strahlten eine Aura der Hoffnungslosigkeit aus. Ich nannte sie die «Salsawerwölfe». Ein Salsapionier sagte einmal: «Das Tanzen ist auch eine Gelegenheit, eine Frau zu berühren.» Ich wollte nicht, dass Muisca diese Gelegenheit war. Wenn ein Mann sie zum Tanz aufforderte, hätte ich zudem immer erwartet, er würde mir kurz zunicken, als Einverständnis sozusagen. Machte aber keiner.

Ich konnte allerdings gut verstehen, dass die Männer den Kontakt zu Muisca suchten: Sie tanzte nicht, sie bewegte sich wie eine Flamme über das Parkett. Wenn wir zusammen tanzten, schauten uns die Männer zu. Wir waren beide sehr eifersüchtig. Ich schmollte viel. Zum Beispiel, wenn ich fand, sie sage den Männern zu wenig oft nein für einen Tanz. Muisca im Gegenzug konnte rasch wild werden, wenn sich eine Salsatänzerin mir zu offensiv näherte.

Wenn wir als Paar auftraten und zusammensassen, wagten sich viele nicht, Muisca zum Tanz aufzufordern. Den besten Trick hatte ein jüngerer Tänzer. Auf einer Party kam er auf uns zugeeilt und fragte, ob wir auch mit dem Auto da seien. Die Polizei würde Fahrer verzeigen, die im Parkverbot stünden. Klar standen auch wir mit dem Wagen im Parkverbot. Ich ging rasch nach draussen, doch ich war zu spät. Der Bussenzettel war schon unter dem Scheibenwischer eingeklemmt. Als ich zurückkam, war der jüngere Mann am Tanzen – mit Muisca.

Eines der ungeschriebenen Gesetze einer Salsaparty heisst: Jeder tanzt mit jedem. In der Praxis bedeutet das: Es ist die Frau, die mit jedem Mann zu tanzen hat. Denn es ist ja er, der sie zum Tanz auffordert. Und Männer, das ist meine Beobachtung, wählen die Frau genau aus, mit der sie tanzen möchten. Auch Tanzlehrerinnen forderten Muisca auf, mit anderen Männern zu tanzen. Nur so lerne sie dazu. Zwar trennten wir uns schon immer wieder, damit jeder mit andern tanzen konnte. Dennoch verstiessen wir oft gegen diese Regel. Es gab Abende, da beschlossen wir, aufs «Fremdtanzen» zu verzichten. So nannten wir das in Anlehnung an den Begriff Fremdgehen. Manchmal sagten wir: Dieser Abend gehört nur uns. Doch das gab auch Ärger mit anderen Tänzern. Einmal kam ein Tanzlehrer auf mich zu und sagte, er würde gerne mit Muisca tanzen, doch das gehe ja nicht. «Warum denn nicht?», fragte ich ihn. Er entgegnete: «Du absorbierst sie.»

Dann gab es noch diesen merkwürdigen Mann. Muisca hatte ihn auf einer Tanzreise getroffen – und ein Mal mit ihm getanzt. Inmitten des Tanzes hatte er sie plötzlich an Schulter und Nacken angefasst, war ihr mit der Hand übers Gesicht gestrichen. Später verfolgte er sie überallhin, ins Restaurant, auf ihre Ausflüge. Sie wich ihm aus, sagte ihm, sie wolle nicht mit ihm reden – es nützte nichts. Auch als beide wieder zurück waren, stellte er ihr nach. Es änderte auch nichts, dass Muisca und ich ihm zeigten, dass wir ein Paar waren. Wenn wir irgendwo tanzten, hatten wir einen Schatten: den Mann von der Tanzreise. Er war unweigerlich dicht neben uns und suchte den Blickkontakt mit ihr. Er liess sich durch nichts beirren. Muisca sagte immer: «Es gibt zu viele Menschen, die in unsere Beziehung dringen und uns stören möchten.»

Für Paare sind Salsapartys ein Härtetest. Viele halten es nicht aus, steigen aus der Szene wieder aus. Die Wissenschaftlerin Melanie Haller sagt, es gebe für Paare nur eines: «im Gespräch bleiben». So erhalte man eine gute Beziehung aufrecht. Das Schwierige sei die Fremdwahrnehmung, wenn die Partnerin oder der Partner mit jemand anderem tanze. Im Salsa nehme man den Tanz ja sexualisiert und erotisiert wahr. «Paare müssen Regeln abmachen.» Ob das funktioniere, habe aber damit zu tun, wie gut man es als Paar miteinander habe. «Das muss nicht zwangsläufig mit der Salsaszene zusammenhängen.»

Es gab für uns zwei Optionen, eine Party zu beenden: in totaler Harmonie – oder es herrschte dicke Luft. Doch das war selten. Meist beruhigten wir uns rasch wieder und umarmten uns. Verschwitzt standen wir dann am frühen Morgen vor dem Eingang des Clubs und kühlten uns ab. Muisca rauchte eine Zigarette, ich wechselte das verschwitzte Leibchen oder versuchte, meine nassen Haare zu trocknen.

Im Sommer fuhren wir oft mit dem Motorrad nach Hause, durch die leeren Strassen der Nacht. Die Lederjacken hielten die kühle Luft von unseren überhitzten Körpern fern. Muisca vergrub ihre Hände von hinten in meinen Jackentaschen und drückte ihren Körper fest an meinen Rücken. So hielt sie mich umschlungen, bis wir daheim waren.

«HEUTE WILL JEDER EINE PARTY MACHEN»

Der gebürtige Bolivianer **José Cuentas** ist einer der erfahrensten Salsa-DJs der Schweiz. Als DJ Pepe legt der Informatiker nicht nur auf, sondern organisiert Partys. Er kam 1990 als Strassenmusiker in die Schweiz und heiratete hier. Er spielte bolivianische Seiten- und Blasinstrumente und sang. Später, nach der Handelsschule, kam er mit Salsa in Kontakt und war auch hier zuerst Musiker. Er sang bei der Basler Salsaband Limon y Menta, schliesslich wurde er DJ.

«Es gibt viel zu viele DJs. Es ist sehr einfach, DJ zu sein. Man kauft sich ein Laptop und ein Zusatzgerät, einen Controller. Musik kann man ja gratis vom Internet herunterladen. So viele Leute, die an meiner Party getanzt hatten, kamen später zu mir und sagten: «Pepe, schau, ich bin jetzt auch DJ.» Und die drücken die Preise. Für einen ganzen Abend von 21 bis 3 oder 4 Uhr am Morgen bekomme ich manchmal 400 Franken. Dafür stehe ich aber sechs, sieben Stunden auf den Beinen und unterhalte das Publikum. Zudem reise ich vielleicht eine Stunde an. Ich kaufe ja alle meine CDs selbst. Ich war selber Musiker, deshalb war für mich klar, dass ich keine Musik gratis vom Internet herunterlade. Es gibt DJs, die sagen: «Ich mache es gratis.» Oder dann vielleicht für 100 Franken.

Die Gagen sind in den letzten Jahren geschrumpft. Wenn man mit einem Veranstalter regelmässig zusammengearbeitet hat, und der nimmt plötzlich einen anderen, der mit dem Preis so unten reingeht – dann ist das dramatisch. Früher waren es 500 bis 600 Franken pro Nacht. Das ist bei einer Salsaparty nicht mehr realistisch. Heute buchen die Veranstalter oft zwei DJs für die verschiedenen Floors, da kommt einer noch auf 200 oder 300 Franken.

Letztes Jahr habe ich mein 20-Jahr-Jubiläum als DJ gefeiert. Mittlerweile habe ich eine Sammlung von etwa 20 000 CDs. Als ich anfing, war es schwierig, Salsa-CDs zu finden. Selbst solche von bekannten Bands fand man nur in Zürich oder in Bern. In Bern verkaufte ein Kolumbianer

CDs. In Zürich gab es einen einzigen Laden, von einer Frau geführt, in den ging ich ein Mal im Monat. Am Anfang musste ich mich beweisen und mir meinen Platz schaffen. Als ich zum ersten Mal am Zürcher Festival Caliente auflegte, fühlte ich mich von den Zürcher DJs beobachtet. Ich sagte mir aber: Pepe wird bleiben, er wird nicht gehen.

Meine Lieblingslokale in Basel sind das «Allegra» und die «Bar Rouge». Dort bin ich zu Hause. Grossgeworden bin ich aber in Zürich, im «X-tra» und in der Tanzschule Salsarica. In einem anderen Club, den es nicht mehr gibt, machte ich jeden Dienstag Partys. Die waren legendär, mit vielen Leuten, obwohl es ja unter der Woche war. Ich fuhr jeden Dienstag von Basel nach Zürich – und frühmorgens wieder zurück. Um acht, spätestens um neun war ich wieder im Büro. DJ ist kein Hobby, DJ ist mein zweiter Job.

Zurzeit ist es schwierig, erfolgreich Partys zu organisieren. Jeder will eine Party machen. Es ist ja auch einfach: Man geht in einen Club und fragt den Besitzer an. Das sind Eventmanager, aber oft auch Leute, die gleich selbst noch DJs sind. Früher hat man 1000 Flyer gedruckt und diese auf der Strasse oder in Clubs verteilt. Man muss heute mehr investieren, viel Werbung machen und viele Leute kennen. Wichtig ist auch, auf den sozialen Medien präsent zu sein, auf Facebook und Instagram. Wenn man das gut macht, reicht das, um einen Club zu füllen. Wer sich gut organisiert, kann mit einer Party immer noch Geld verdienen. »

José Cuentas alias DJ Pepe
im Club Bar Rouge in Basel

IM DARKROOM DER SALSAPARTY

Der erste Konflikt zwischen Muisca und mir trägt einen Namen: Kizomba. Vor einer Salsaparty im Zürcher Volkshaus beschlossen wir, einen Workshop in Kizombatanz zu besuchen. Der Grund: Viele Tanzkollegen schwärmten von ihm, den man nun auch an vielen Salsapartys tanzen konnte. Kizomba entwickelte sich in den 70er-Jahren aus verschiedenen Tänzen aus Angola. Der Tanz erreichte über Portugal um die Mitte der 2000er-Jahre die Salsaszene, über Vorführungen an Salsakongressen, aber auch über Youtube und andere soziale Netzwerke.

Der Tanz ist heiss: Männer und Frauen tanzen langsam eng umschlungen, Brust an Brust. Der Mann führt die Frau mit dem Oberkörper, er spürt dabei die Brüste der Partnerin deutlich. Die Beine berühren den Schritt des Partners fast permanent. Zwei Jahre vorher tanzte ich zum ersten Mal Kizomba, ebenfalls an einem Workshop. Eine Tanzkollegin fragte mich damals, ob ich Lust habe mitzukommen. Ich hatte keine Ahnung, worauf ich mich einliess. Ich weiss noch, wie es mir peinlich war, ihren Körper so deutlich zu spüren.

Den Workshop im Zürcher Volkshaus leitete einer der besten Kizombalehrer in der Schweiz. Es kann also nicht sein, dass der Kurs nicht gut geführt war. Aber wie es so ist: Es traf sich, dass Muisca und ich mit anderen Kursteilnehmern tanzten – ich unter anderem mit einer sehr jungen Frau, die zudem einen ziemlich grossen Busen hatte. Und der Tanz mit ihr war lange, vielleicht etwas zu lang. Auf dem Nachhauseweg sprachen wir nicht viel. Aber wir wussten: Das war der letzte Kurs in Kizomba, den wir besucht hatten. Wir machten ab: Kizomba ist ein Tanz nur für uns zwei. Andere Partner haben darin keinen Platz.

Anhänger des Tanzes finden das vermutlich lächerlich und entgegnen, in Angola würden ganze Familien Kizomba tanzen. Im Internet toben Debatten, ob der Hüftschwung der Frau in Richtung Penis des Mannes geht oder davon weg, was das Korrekte sei. Kizombatänzer würden sagen, ich rede von einem anderen Tanz, der Tarraxinha – einer noch intimeren und engeren Variante der Kizomba. Zudem: Auch Salsa könne man erotisch tanzen, wenn sich die Hüfte der Partner eng aneinanderschmiegten. Und klar: Man könne Kizomba auch mit Distanz der Hüften tanzen. Das mag alles stimmen. Doch man muss an einer Salsaparty nur in den verdunkelten Nebenraum schauen: Kizombapaare bewegen sich engumschlungen zu dem langsamen und hypnotisierenden Rhythmus: Tää-tätä-tä-tää-tätä-tä-tää. Es ist mehr ein intimes Schaukeln denn ein Tanzen. Der Kizombasaal, so kommt es mir immer vor, ist der Darkroom der Salsaparty. Ich rieche dort wenig Schweiss, aber Sperma und Hormone.

Der Tanz fand in der Schweiz sofort sehr viele Anhänger. Mittlerweile gibt es Tanzschulen und Partys, die sich ausschliesslich an Kizombatänzer richten. In Frankreich oder Portugal hat der Tanz den Salsa fast verdrängt. Einer der Gründe: Der hohe Anteil an afrikanischen Immigranten in der Bevölkerung. Kommt dazu: Die Grundbewegungen des Salsa stammen ja aus afrokubanischen Tänzen, haben ihre frühesten Wurzeln also Afrika. Kizomba in die Salsaszene zu integrieren, werten viele als einen Versuch, sich wieder den afrikanischen Wurzeln anzunähern.

Doch die Meinungen über den Tanz gehen auseinander. Vielen Tanzlehrern ist er ein Dorn im Auge – sie distanzieren sich von ihm, weil er vordergründig ein Fremdkörper ist in der Salsaszene. Nicht nur die Tanzbewegung, auch die Musik hat praktisch keine Ähnlichkeiten mit den lateinamerikanischen Rhythmen. Zu langsam, zu bedächtig. Viele DJs spielen die Kizomba deshalb nicht in gemischten Salsapartys. Einer berichtete mir: «Kizomba ist ein Partykiller, macht die gute Stimmung zunichte. Wenn ich Kizomba auflege, habe ich 5 Tanzpaare auf der Tanzfläche, und 150 Tänzer stehen am Rand und müssen zuschauen.» Viele prophezeien dem Tanz den schnellen Tod, er sei eine Modeerscheinung. Vielleicht ist das auch Wunschdenken. Denn der Tanz hat sich bereits weiterentwickelt. Der Urban Kiz oder Kizomba 2.0, wie man ihn auch nennt, ist ein Tanz für die eher jüngere Szene. Er vermischt die Kizomba mit Bewegungselementen aus dem Hiphop, dem Tango oder dem brasilianischen Zouk. Der Tanz ist sportlicher, Tänzer haben wieder viel weniger Brust- und Körperkontakt, dafür mehr Körperspannung. Kizomba tanzt man im Kreis, Urban Kiz auf der Linie. Kizombaanhänger und Kritiker sagen deshalb, beim Begriff Urban Kiz sollte man am besten die letzten drei Buchstaben wieder entfernen.

Parallel zur Kizomba entwickelte sich ein anderer Tanz, «der die Körperlichkeit von Frau und Mann betont», wie auf Wikipedia zu lesen ist: die Bachata sensual. Sie führte zum zweiten Konflikt zwischen Muisca und mir. Diesmal im Salsaclub Azucar im spanischen Valencia. Es war unsere erste gemeinsame Reise. Das Wichtigste im Gepäck: die Tanzschuhe. Wir tauchten ein in die dortige Salsawelt. Am Tag übten wir die Figuren am Strand, am späten Abend gingen wir in die Clubs tanzen. Valencia hatte mehrere Clubs, die alle erst gegen Mitternacht so richtig in Fahrt kamen. Und viele legten Musik zur Bachata sensual auf. Das kam nicht von ungefähr: Zwei spanische Tänzer aus Cádiz sollen den Tanz Anfang der 2000er-Jahre aus der klassischen Bachata aus der Dominikanischen Republik entwickelt haben. Auch sie ist also kein Tanz aus der Familie des Salsa. Tänzer in anderen spanischen Städten wie Málaga und Sevilla trieben den Tanz weiter voran. Der Grundschritt blieb bei der Bachata sensual zwar unverändert einfach, doch die spanischen Tänzer reicherten den Tanz mit körperbetonten Wellen und Kreisen an, die Körper scheinen dabei zu verschmelzen. Im «Azucar» tanzten Muisca und ich den ganzen Abend Salsa. So gegen drei Uhr morgens wollten wir zurück ins Hotel. Die Tanzfläche war noch voll, ich ging rasch auf die Toilette, bevor wir die Jacken holten, Muisca blieb am Rande stehen. Als ich zurückkam, war sie am Tanzen, ein Tänzer hatte sie dazu aufgefordert. Bachata sensual. Der Tänzer, ein Spanier, bewegte ihren Körper in Schlangenlinien auf- und abwärts, nach hinten und auf die Seite. Ich schluckte leer. Auch auf diesem Nachhauseweg sprachen wir nicht mehr viel.

Im Gegensatz zur Kizomba hat sich die Bachata sensual in der Szene stärker durchgesetzt. Kaum eine Schule, die den Tanz nicht im Programm hat. Der Tanz zieht die Massen an, vor allem Junge, auch weil der Grundschritt wie bei der klassischen Bachata sehr einfach ist. Viele Bachatatänzer können gar keinen Salsa mehr tanzen. 2016 erlangte ein Video einer Aufführung am Salsafestival in Frankfurt rekordverdächtige Anklickzahlen: sechs Millionen innerhalb von zwei Jahren.

Einer meiner Tanzlehrer begründet den Vormarsch dieser beiden Tänze in der Salsaszene mit zwei Wörtern: «Sex sells.» Über Sex könne man alles besser verkaufen. Für die Salsaexpertin Melanie Haller greift das allerdings zu kurz: «Dann könnte man ja gleich in den Swingerclub gehen.» Erotik und Sexualisierung habe im Salsa immer eine Rolle gespielt. Nur: Salsatänzer müssten ja etwas leisten, damit sie daran teilhaben könnten. So sei im Paartanz die Abstimmung aufeinander ganz wichtig. «Salsa auf der Linie ist ein standardisierter Tanz mit vorgegebenen Figuren. Tänzer müssen viel lernen, um dies zu beherrschen. Es wäre viel sinnlicher und auch einfacher, wenn man nur nach dem Körpergefühl tanzen würde.» Der Blick von aussen könnte suggerieren, dass es heiss zu- und hergeht. «Doch das ist ein Blick durch die moralische Brille. Es geht einfach um Körperempfinden, um eine Sehnsucht nach Körpernähe.»

«MEIN HERZ SCHLÄGT NICHT FÜR KIZOMBA»

Das sagen Tänzer und DJs über die erotischen Tänze Kizomba und Bachata sensual.

Ich verstehe nicht, warum die Kizomba Eingang in die Salsaszene gefunden hat. Der Tanz gehört nicht zur Salsafamilie. Er ist eigentlich die Bachata der Brasilianer. Kizomba stammt ja auch aus Angola. An einem Kizombaabend kommen keine Salseros, dafür viele Schwarzafrikaner, auch viele wunderschöne Frauen, erotisch und knapp angezogen. Das ist nicht das Salsapublikum.
Peter Balmer alias DJ Palmar

Kizomba? Es hat etwas Neues gebraucht, Schulen boten ja nur Salsakurse an. Als der Tanz an den Salsakongressen aufkam, mussten ihn die Schulen in den Unterricht übernehmen, obwohl es ja nichts mit der Salsakultur zu tun hat. Ob die Kizomba bestehen bleibt, weiss ich nicht. Bachata sensual ist viel stärker als Kizomba, er wird bleiben, solange ich DJ bin. Mein Herz schlägt nicht für Kizomba – aber ich lege sie auf, wenn ich jemandem eine Freude machen kann.
José Cuentas alias DJ Pepe

Kizomba ist megacool. Der Tanz ist nicht so schwierig. Diese sexualisierte Form, an dem sich die Partner aneinanderschmiegen und sich praktisch nur die Hüfte der Frau bewegt, gehört zum Tarraxinha, zu einer Abwandlung der Kizomba. Bachata sensual finde ich eine Katastrophe, er gefällt mir nicht. Der Tanz hat nichts mit Bachata zu tun. Die traditionelle Bachata aus der Dominikanischen Republik gefällt mir hingegen.
Eylem Elena Rodríguez, Tänzerin

Beide, Kizomba und Bachata, haben sich festgesetzt. Bachata war schon immer ein erotischer Tanz. 90 Prozent Vollkontakt. Bei der Bachata sensual betonen vor allem die Tänzerinnen das Sexuelle mit den Wellen.
Edi Arenas, Tanzlehrer

Kizomba und Bachata sensual haben beide ihren Platz an den Salsapartys gefunden. Beide sind aber keine Massenbewegungen. Die Bachata ist beliebter als die Kizomba. Dafür sind heute der Merengue oder der Cha-Cha-Cha etwas an den Rand gedrängt worden.
Patrick Hirzel, Tanzlehrer

Kizomba ist eine andere Welt. Ehrlich gesagt, gefallen mir der Tanz und die Musik nicht besonders gut. Natürlich spiele ich Kizomba trotzdem, wenn die Leute es wünschen. Von mir aus lege ich an einer Salsaparty aber nie Kizomba auf. Die Musik kommt ja nicht von Lateinamerika. Bachata sensual ist für mich ein Phänomen. Im Ausgang wollen die Leute nur noch Bachata hören und ihre erlernten Figuren tanzen. Ich finde das ein wenig schade, denn so kann ich die wirklich tollen Songs nicht mehr auflegen.
Giovanni Cruze, DJ

Bei der Kizomba muss man sich an den engen Körperkontakt gewöhnen. Die Schweizer sind etwas zurückhaltend. Vor allem Frauen sind oft skeptisch. Wenn der Mann okay ist, ist es ein wunderschöner Tanz. Dann ist enger Körperkontakt kein Problem. Beim Tango ist es nicht anders. Mit Kizomba kann man in Zürich keine grossen Säle füllen. Der Tanz hat es schwierig, sich durchzusetzen.
Esther Staehelin, Tanzlehrerin

Kizomba hat sich etabliert. Der Tanz wird uns noch lange erhalten bleiben. Die Musik ist einfach schön. Es gibt vielerorts bereits Festivals, die nur auf Kizomba fokussieren. Sie ist salopp gesagt afrikanischer Tango. Beim Tango hat man einen ähnlich intensiven Körperkontakt. Frauen müssen sich extrem gut führen lassen, die Männer extrem gut führen können. Bachata sensual ist derzeit noch populärer als Kizomba. Der Tanz ist auch sportlicher, athletischer, vielleicht kopflastiger und etwas oberflächlicher als die Bachata aus der Dominikanischen Republik.
Thomas Stadler, Organisator Salsafestival

Kizomba ist nur eine Modeerscheinung. Das Interesse schwindet bereits wieder. Bei Bachata sensual ist das anders. Der Tanz interessiert besonders junge Leute, die normalerweise nicht tanzen. Wenn man ihn richtig tanzt, ist Bachata sensual nicht unbedingt ein sexualisierter Tanz. Denn der Mann und die Frau bewegen sich komplementär und nicht aufeinander zu.
Juan Carlos Espinoza, Tanzlehrer

DIE SALSA-KONGRESSE

DIE SALSA-KONGRESSE

DIE SALSAKONGRESSE

WIE KONGRESSE DIE SZENE VERKITTEN

Es war ein dunkler Herbsttag im Jahre 1996, als bei Tanzlehrer **Thomas Stadler** das Telefon klingelte. Auf dem Display sah er, dass der Anruf aus den USA kam. «Die Vorwahl war 001. Am Telefon meldete sich ein gewisser Elí Irizarry. Keine Ahnung, woher der meine Telefonnummer hatte.» Der Mann habe ihn eingeladen, an einem Salsakongress in San Juan, in der Hauptstadt von Puerto Rico, teilzunehmen. Er könne bei ihm übernachten. Salsatänzer aus der ganzen Welt würden teilnehmen. Stadler erinnert sich: «Ich dachte, der spinnt. Das kam mir alles ein wenig suspekt vor. Ich fand es eine absurde Idee, für drei Tage nach San Juan zu fliegen, um etwas Salsa zu tanzen.»

Was Thomas Stadler, Salsatänzer, Geophysiker, Hobbypilot, damals knapp unter 30 Jahre alt, nicht realisierte: Dieser Elí Irizarry war daran, einen Meilenstein für die Salsabewegung zu setzen, der bis in die Gegenwart seine Wirkung zeigt. Er organisierte in San Juan den ersten Salsaweltkongress. Irizarry lud dazu Salsatänzer und Salsatanzlehrer aus der ganzen Welt ein. Der Puerto-Ricaner war Sportjournalist, Coach einer Basketballmannschaft und begeisterter Salsatänzer. Heute lebt Irizarry in Bayamon, Puerto Rico, und leitet mehrere Salsaorganisationen. Auf meine Frage, welche Motivation ihn getrieben habe, diesen Kongress zu organisieren, antwortete Irizarry: «Ich stellte fest, dass es eine riesige Salsatanzbewegung gab ausserhalb der Ursprungsländer des Salsa.» Dazu gehörten Kolumbien, Kuba, Puerto Rico – oder auch New York. Das heisst: Der Salsa hatte die Welt erobert, zumindest die USA, Europa oder Asien – und entfernte sich immer mehr von der ursprünglichen Tanzkultur der lateinamerikanischen Länder. Das wollte Irizarry korrigieren.

Auch für Irizarry war dieser Kongress offenbar ein Experiment. Kürzlich schrieb er auf seiner Facebook-Seite: «Ich wachte auf mit meinem Herzen in der Hand, einer unbeschreiblichen Angst und Zweifeln, was an diesem Wochenende passieren wird.» Schliesslich nahmen rund

Thomas Stadler, Organisator des Salsafestivals, im Zürcher Club X-Tra

400 Tänzerinnen und Tänzer aus etwa einem Dutzend Nationen teil, aus Holland, Spanien, Japan oder Venezuela. Das war 1997, ein knappes halbes Jahr nach dem Telefongespräch mit Thomas Stadler. Er war nicht dabei.

Aus diesem Kongress resultierten zwei wichtige Erkenntnisse für die weltweite Salsabewegung, wie die US-Tanzwissenschaftlerin und Salsaexpertin Juliet McMains beobachtete: «Es gab mittlerweile zahlreiche lokale Tanzstile. Die Leute hatten es nicht leicht, miteinander zu tanzen.» In der Tat gab es ein regelrechtes Wirrwarr von Salsatanzstilen. Die «New York Times» vom 3. September 2000 schrieb gar von einem «Mambo-Krieg» unter den Vertretern der einzelnen Stile. Die einen würden beim ersten Takt einen Schritt nach vorn machen, die anderen nach hinten. Der Reporter beobachtete, wie in einem Salsaclub ein Paar tanzte: «Zuerst prallten sie mit dem Knie zusammen, dann zogen sie mit den Armen in unterschiedliche Richtungen. Schliesslich wurde die Musik untanzbar. Als es vorbei war, zogen sie es vor, miteinander zu plaudern, anstatt zu tanzen.»

Die zweite Erkenntnis war, so Wissenschaftlerin Juliet McMains: «Aus dem Salsatanz, den man einst in der Familie oder mit Freunden in kleinen Gemeinschaften getanzt hat, ist eine multimillionenstarke Industrie angewachsen, eine internationale kommerzielle Tanzindustrie.» Für sie war der Kongress die «Geburtsstunde der modernen Salsatanzindustrie». Denn es stand nicht nur der Tanz im Vordergrund mit Aufführungen, Kursen und Partys – es gab auch einen grossen Markt mit Produkten. Verkäufer priesen CDs, Tanzschuhe und -kleider an. McMains: «Das illustrierte das internationale kommerzielle Potential des Salsatanzes.» Innerhalb weniger Jahre entwickelte sich ein weltweites Netzwerk von Geschäftszweigen. In den folgenden Jahren vereinfachten und standardisierten die Salsakongresse und Festivals die Tänze, vor allem den Tanz auf der Linie. Das gab ihm einen massiven kommerziellen Auftrieb. Die Festivals boomten, hatten sofort einen massiven Zulauf an Besuchern. Inzwischen gibt es weltweit hunderte, wenn nicht gar tausende solcher Festivals und Kongresse. Tanzwissenschaftlerin McMains: «Organisatoren von Salsakongressen und Tänzer, die dort auftraten, wurden zu den anerkanntesten Anführern der neuen Industrie. Sie setzten Trends und Tanzstile fest, die weltweit den Weg in die Tanzschulen fanden.» Sie spricht von einem «Kongress-Salsa-Stil». Der Salsa entfernte sich dadurch immer mehr vom ursprünglichen Mambo. Er wurde kompakter, schneller und komplexer mit vielen Drehungen. McMains: «Die Salsaindustrie machte den Tanz technisch so komplex, dass er ohne Lehrer schwer zu lernen war.» Salsafestivals setzen auch neue Trends. Die Tänze Kizomba oder Bachata sensual kamen durch die Festivals in die Szene.

Das erste Salsafestival in der Schweiz fand 2002 im Zürcher Kongresshaus statt. Ins Leben gerufen hatten es vier Tänzer, neben Thomas Stadler waren dies Thomas Schüpfer, Juan Carlos Espinoza und Ueli Siegenthaler. Stadler sagt: «Damals gab es vielleicht ein halbes Dutzend Festivals auf der ganzen Welt.» Mit dem Salsafestival in Zürich mussten sich die Tanzlehrer nicht mehr in New York oder in Havanna ausbilden lassen – die Tanzstars kamen jetzt in die Schweiz, boten Shows und Workshops. Zürich wurde ein Ableger der internationalen Salsaindustrie. In Zürich gab es bis vor kurzem jedes Jahr ein Salsafestival, alleiniger Organisator war Thomas Stadler. Das Festival bot Workshops, mehrere Partys mit Tanzshows und gelegentlich ein Konzert einer international bekannten Salsaband. Stadler: «Das Festival liess einen ausbrechen aus den alten Tanzmustern und dem immergleichen Bekanntenkreis.»

Ein knappes halbes Dutzend Stilrichtungen prägen den Salsatanz. Und für jede kreierten die Salsafestivals eine neue Einheitssprache, und zwar weltweit. Ein Zürcher Tanzlehrer beschreibt das so: «Die Tanzlehrer an den Festivals sind immer etwa die gleichen, sie wandern von Festival zu Festival, von Stadt zu Stadt. Sie geben überall die gleichen Workshops.» Für ihn sei das Salsafestival in Zürich sehr wichtig gewesen: «Die Lehrer aus der ganzen Welt gaben Workshops. Das gab uns neue Impulse.» Er und seine Partnerin seien jedes Jahr an die Workshops gegangen. «Aus den Videos der Workshops entnahmen wir neue Elemente und Figuren für die Kurse. Das reichte dann für ein ganzes Jahr.» Eine Zürcher Tänzerin sagt, das Festival sei für sie «ein Muss» gewesen: «Einige der besten Lehrer machten Workshops. Ich liess mich sehr davon inspirieren. Es gab mir jedes Mal einen Kick, mich zu verbessern.»

Solche Festivals sind aber nicht nur die treibende Kraft zum Standardisieren der Tänze, wie die Soziologin Melanie Haller sagt: «An den Kongressen formt sich auch die Gemeinschaft.» Und zwar weltweit.

Salsatänzer aus der Schweiz fühlten sich auch an einem Salsakongress in Amsterdam zu Hause, weil sie genau wüssten, was sie dort erwarten würde: «Man ist ein Teil der Salsaszene.» Die Kongresse hätten also die Rolle, die Tänzer zu strukturieren und die Salsakultur «als eigene Kultur zu etablieren». Und das führe zur globalen Salsawelt, mit all ihren Verhaltensnormen.

Auch für Thomas Stadler geht es beim Salsafestival vor allem darum, der Salsacommunity anzugehören: «Es gibt Festivals in Indien, Hongkong, Sibirien und Afrika. Man kann in den hintersten Winkel der Welt reisen und ist überall Teil der Salsafamilie, unabhängig von Religion oder Politik. Das ist faszinierend.»

Und nicht zuletzt sind die Festivals ein gutes Geschäftsmodell und Teil der Salsaindustrie geworden. Denn die Workshops und Partys sind oft teurer als anderswo. Ein Pass für alle drei Tage kostet am Zürcher Festival gegen 300 Franken, bereits Tage vorher gibt es Pre-Partys, die die Tänzer auf den Anlass einstimmen.

Mittlerweile haben die Festivals etwas an Glanz verloren. Stadler sagt: «Heute gehen nicht mehr so viele Tänzer an die Workshops. Tanzschulen haben ein breites und vielfältiges Programm.» Die Zahl der Besucher sei leicht rückläufig. Mittlerweile ist auch hier die Konkurrenz gross. Stadler: «Es gibt viel mehr Festivals als früher. Die Tänzer reisen nicht mehr so weit, weil es überall Festivals gibt.» Letztlich sind die Salsafestivals Opfer ihrer eigenen Konkurrenz geworden.

«AN KONGRESSEN FÜHLEN SICH TÄNZER ZU HAUSE»

Die Soziologin Melanie Haller von der Universität Paderborn unterstreicht, wie wichtig die Salsakongresse sind: Sie halten die Salsaszene weltweit am Leben.

Wie wichtig sind die Salsafestivals für die Szene?
Sie sind sehr wichtig.

Warum?
An den Kongressen formt sich die Gemeinschaft und bestätigt sich selber in ihrer Präsenz. Die Tänzer fahren an die Kongresse, machen Kurse und treffen Leute. Man trifft neue Leute aus einer anderen Stadt, die man später besuchen geht. Früher, bevor sie sich in allen Städten etabliert hatte, war die Salsaszene eine mobile Szene. Sie legte immer wieder viele Kilometer zurück, um in der nächstgrösseren Stadt auf die einzige Salsaparty zu gehen.

Was ist wichtiger: die Partys oder die Workshops?
Das kann ich so nicht beantworten. Nach meinen Forschungen lässt sich vermuten, dass das miteinander gekoppelt ist. Nur beide zusammen geben die Kultur wieder. Die Szene will ja auch immer etwas Spannendes und Neues erleben. Darum gehen viele Leute von Deutschland ans Zürcher Festival. Sie wollen sich die dortige Szene mal anschauen.

Zürcher Tänzer fahren übers Wochenende nach Amsterdam an einen Kongress. Ist das nicht verrückt?
Nein. Man fühlt sich dort eben auch zu Hause, weil man ein Stück der Salsaszene ist. Man weiss genau, was einen dort erwartet.

Welche Rolle spielen die Kongresse bei der Entwicklung von neuen Tanzstilen?
Eine grosse Rolle. Tanzlehrer machen dort einen Workshop und organisieren mit dem Erlernten an ihren Schulen einen Kurs. So etabliert sich eine neue Tanzform in der Szene, Stück für Stück.

Sind die Kongresse die treibende Kraft für das Standardisieren der Tänze?
Ja, klar. Tänzer realisieren schnell, an welchen sie gut aufgehoben sind. Gewisse Kongresse sind eher für die Tänzer des New-York-Style, andere für die des L.A.-Style. Tänzer tauschen sich aus und zeigen sich die besten Clubs. So gibt es eine Vernetzung in der Szene.

Ist das exemplarisch für die Salsaszene?
Nein, die Tango- oder die Lindy-Hop-Szenen funktionieren nach dem gleichen Muster. Auch dort gibt es grosse Events auf der ganzen Welt. Die Strukturen sind ähnlich. Aber jede Kultur hat natürlich andere Charakteristiken, die wichtig sind. Bei allen ist zu beobachten, dass sie versuchen, eine Authentizität auszustrahlen. Zudem haben alle eine eigene Ästhetik. Das kann man an den Ankündigungen auf den Plakaten feststellen. Und die ist global universell. Man sieht zum Beispiel oft das Bild, wie sich die Salsatänzerin nach hinten neigt und wie sich der Mann über sie beugt.

Das heisst, alle Salsatänzer sprechen die gleiche Sprache?
Ja, sie haben die gleiche Bildersprache und die gleiche Ästhetik. Sie haben überall den gleichen Bezug zu Authentizität, zu den Ursprüngen, zur Originalkultur. Alle funktionieren unterschiedlich. Das weiss man jedoch erst, wenn man eine Weile mittanzt und lernt, wie das System funktioniert.

Als Neuling hat man keine Ahnung?
Nein, natürlich nicht. Man kommt in eine völlig neue Kultur. Und da muss man sich zuerst darüber orientieren, wie die funktioniert. Dann darf man «mitspielen», kann man überall hingehen, an Partys und Festivals auf der ganzen Welt – nach Amsterdam, Zürich oder New York.

Beobachter berichten, wie Tänzer am weltweit ersten Salsakongress genau diese Sprache noch nicht gefunden hatten: Sie konnten nicht miteinander tanzen.

Die Rolle der Salsakongresse ist es in der Tat, die Tänzer zu strukturieren. Die Kongresse haben die Aufgabe, eine eigene Kultur zu etablieren. In der Extremform: Sie haben die Aufgabe, diese Parallelwelt so zu stabilisieren, dass sie existieren kann. Und das führt zur globalen Salsawelt, mit all ihren eigenen Codes.

Gibt es den Salsa also noch, weil es der Szene gelungen ist, diese Strukturen zu etablieren?

Genau so ist es.

Und der Tanz Lambada zum Beispiel, der wieder verschwunden ist, hat das nicht geschafft?

Richtig. Lamabada konnte keine eigene Kultur entwickeln und keine eigene Authentizität. Er hat keine Mythen produziert. Es braucht die ganze Kultur und nicht nur einen Tanz.

DIE
VERLORENE
KULTUR

DIE
VERLORENE
KULTUR

DIE VERLORENE KULTUR

WARUM TÄNZER DIE KONZERTE IGNORIEREN

Es ist der 9. September 2017. Die Salsaband Spanish Harlem Orchestra aus New York spielt im Zürcher Jazzlokal Moods auf. Das Spanish Harlem Orchestra ist etwas vom Besten, was die Salsamusik weltwelt zurzeit zu bieten hat. Präziser Salsa, ein rhythmisches Feuerwerk mit Gesang, Piano, Bläsern, Schlaginstrumenten – die 13 Musiker geben in Zürich alles. Kein Bein im Publikum bleibt ruhig. Doch was irritiert: Der sowieso schon kleine Konzertsaal im «Moods» ist lediglich knapp zur Hälfte gefüllt. Nur wenige Salsatänzer sind da, vielleicht ein Dutzend, der Rest sind Jazzfreunde des Hauses.

Dann, ein Jahr später, im Oktober 2018: Die El Gran Combo de Puerto Rico ist angesagt. Notabene: Das ist vermutlich die grösste und älteste Salsainstitution der Welt. Die Gruppe spielte über 60 Alben ein. Ein Leckerbissen für alle Salsafans, sollte man meinen. Muisca und ich fragen in unserer Tanzschule herum, ob jemand mit uns mitkommen wolle an das Konzert in Zürich. Alle schauen uns befremdet an. Kein Einziger ist dabei – denn niemand kennt das Orchester. Die Basler Picason, eine Formation mit über einem Dutzend Musikern, hatte gemäss ihrer Internetseite 2019 nur zwei Konzerte: eines in Langenthal BE und eines in Stäfa bei Zürich. Auch diese Band ist eine Institution. Es gibt sie seit 1985, sie gab sechs Alben heraus und machte Tourneen in Mittelamerika, in Kuba, Mexiko oder in Venezuela. Sie spielte im kubanischen Fernsehen und im legendären Auftrittslokal Tropicana in Havanna, in Kubas Hauptstadt.

Diese Beispiele verdeutlichen das Verhältnis der Salsatänzer zu ihrem Nährmedium, der Musik: Es ist distanziert, geradezu ignorant. Tänzer und Musiker haben sich auseinandergelebt. Man versteht sich nicht mehr. Der Kolumbianer Rodrigo Rodríguez lebt in Zürich und ist Leader der Salsaband Mercadonegro, die ihre Wurzeln in der Schweiz hat und die Konzerte auf der ganzen Welt gibt. Er sagt: «Tänzer wissen zu wenig Bescheid über die Salsakultur. Sie kennen kaum die Namen der Instrumente. Auch die grossen Künstler, die Pioniere sind ihnen unbekannt.» Sein Fazit: «Die Schüler wollen in der Regel an Partys gehen, tanzen und dann wieder nach Hause. Sie sind kulturell nicht interessiert. Das ist der Punkt.» Das bestätigt auch die Aussage eines Tanzlehrers: «Zur Salsamusik muss ich tanzen.» Und dazu wolle er doch nicht 60 Franken Eintritt für ein Konzert bezahlen. «Das kann ich auch für 15 Franken in einem Club haben.» Der Salsa ist also zum oberflächlichen Konsumgut der Tänzer verkommen. Die deutsche Soziologin und Salsaexpertin Melanie Haller kommt zum gleichen Fazit: «Tänzer müssen sich nicht in die Salsakultur hineinlesen. Man geht zur Arbeit – und abends an eine Salsaparty. Dort ist alles so leicht, und es herrscht gute Laune. Man hat Spass und Freude – mit einer Prise Sexiness.»

Wie konnte es so weit kommen? Bis Ende der 90er-Jahre war die junge Salsaszene mehr oder weniger eine Einheit. Tänzer gingen an Konzerte tanzen, die Musiker mischten sich unter die Tänzer. Fakt ist: In den letzten 20 Jahren haben die Schulen und Partyveranstalter das Diktat in der Salsaszene übernommen – die Musiker stehen am Abgrund. Die meisten Salsainteressierten finden den Zugang über den Tanz. Und kommerzielle Tanzschulen verkaufen Kurse – und keinen Unterricht in der Salsamusik und in der Kultur. Musiker Rodrigo Rodríguez beobachtet: «Tanzschulen vermitteln das Wissen über die Salsakultur nicht. Sie spielt dort keine Rolle. Die Schüler lernen Schrittabfolgen und Figuren, aber sie lernen nicht, wie die typische Taktabfolge ist oder wie die Perkussionsinstrumente heissen. Das ist schade.»

In der Tat herrscht unter den Tanzschulen ein Wettbewerb und ein Kampf um die Schüler. Ein Tanzlehrer sagt: «Die Schüler wollen eines: tanzen. Sie würden mir davonlaufen, wenn ich ihnen Unterricht in der Salsakultur geben würde.» Kommt dazu: Um ihnen die Schritte beizubringen, braucht es keine Livemusik, es genügt Konservenmusik aus den Lautsprechern. Sie ist mittlerweile überall und jederzeit verfügbar, auf dem Smartphone gespeichert oder über Kanäle wie Spotify oder Youtube abrufbar. So konditionieren die Schulen ihre Schüler frühzeitig weg von den Orchestern.

Auch um eine Party abzufeiern, braucht es keine Band, sondern nur Konservenmusik, die ein DJ ins rechte Licht rückt. So füllte man bis vor nicht allzu langer Zeit grosse Club-Säle problemlos mit gegen 1000 Salsatänzern – ohne Band als zusätzlichen Anreiz. Auch in der Schweiz. Ein Beispiel dafür ist die Party «Salsamania» im Zürcher «X-tra», es kamen jedes Mal zwischen 500 und 1000 Salsatänzer. Und das donnerstags. Ein Salsapionier sagt: «Ich hätte nie gedacht, dass das auch bei Salsa funktioniert.» Veranstalter würden an Salsapartys zwei DJs einsetzen, jeder bekomme ein paar hundert Franken für den Abend, da müssten sie keine teuren Salsabands engagieren, «die Leute kommen sowieso».

Doch auch die Bands tragen Mitschuld an dieser Entwicklung – viele gehen zu wenig auf die Bedürfnisse der Tänzer ein. Diese wollen vor allem eines: keine episch langen Stücke. Der Salsatanz ist immer sportlicher geworden, länger als fünf Minuten liegen kaum mehr drin. Dann brauchen die Tänzer eine kurze Pause – oder wollen sich einen neuen Tanzpartner schnappen. Die Lieder der Salsabands an Livekonzerten sind aber meist viel länger, es kommen noch Solos von Bläsern oder von der Perkussion, mit Improvisationen, die Stücke ziehen sich schnell über 12 bis 15 Minuten. Deshalb gibt es kaum mehr Auftritte von Salsabands an Partys. Ein Partyveranstalter sagt: «Konzerte brechen den Rhythmus einer Party. Bands machen eine Party oft kaputt.»

Ein dramatischer Verstärker dieser Entwicklung war der Salsa romántica, eine Art geschleckter Popsalsa, entstanden in den 90ern. Es war ein Versuch der Musikindustrie, die Salsamusik weltweit und global für ein Massenpublikum zu vermarkten. Kurze Balladen, angereichert mit afrokubanischen Rhythmen, ohne Improvisation, keine langen Bläsersolos mehr. Die Band ist eigentlich nur noch dazu da, die Sänger in ein noch besseres Licht zu rücken. Die wurden zu Superstars. Der berühmteste ist wohl Marc Anthony, ein US-Amerikaner mit Wurzeln in Puerto Rico, der Exmann des Starlets Jennifer Lopez. Er machte Salsakonzerte zu Schunkelpartys mit Feuerzeuglichtern. Wenn an Partys seine Songs kamen, sangen die Tänzer zwar mit, doch den Tanz brachte der Salsa romántica nicht vorwärts. Die US-Tanzwissenschaftlerin Juliet McMains: «Der Salsa romántica inspirierte die Tänzer zu wenig.» Die treibende Perkussion würde fehlen, es gebe für die Tänzer fast keine kreativen Möglichkeiten mehr. «Die platte und glatte Musik ermüdete sie schnell.» Superstar Marc Anthony trat letztmals im Juli 2015 im Zürcher Hallenstadion auf – auch er vor halbleeren Rängen. Tänzer waren kaum dabei: Das billigste Ticket kostete 160 Franken.

Viele Leute sehen mittlerweile dieser Entwicklung mit Sorge entgegen – und wollen dieses Auseinanderdriften der Musik- und Tanzkultur bremsen. Vor allem Tanzschulen stehen in der Pflicht. Sie könnten zum Beispiel Werbung für Salsakonzerte machen. Für Musiker Rodríguez helfen bereits einfache Botschaften: «Ein Tanzlehrer könnte sagen: ‹Heute tanzen wir nach einem Lied von Oscar D'León.› Dann würden Tänzer den Salsa besser verstehen, und es kämen auch mehr Tänzer an die Konzerte.» Anzeichen dafür gibt es. Erste Schulen haben angekündigt, zumindest in Workshops wieder näher auf kulturelle Belange einzugehen. Einige Tanzschulen versuchen, die kubanische Salsakultur zu vermitteln mit gemeinsamen Nachtessen oder geführten Tanzreisen nach Kuba.

Melanie Haller ist optimistisch. Klimawandel, Coronavirus, politische Rechtsrutsche überall – wegen der unsicheren Lage weltweit würden die Leute wieder kritischer denken und sich besser informieren. «Und das schlägt auch zurück auf die Salsaszene.» Die Menschen hätten in den letzten Jahren gemerkt, dass sie sich vor allem um sich selbst gekümmert und viel konsumiert hätten: «Salsatänzer beginnen wieder vermehrt, sich für die Salsakultur zu interessieren. Sie merken, Salsa ist nicht nur eine Spasskultur am Samstagabend, sondern eine politische Bewegung aus New York.»

In der Tat stossen zumindest bestimmte Stilrichtungen in der Tanzszene wieder vermehrt auf Interesse. Zum Beispiel die Timba, eine moderne, komplexe und aggressive Form des kubanischen Salsa mit Einflüssen von Hiphop, Funk oder Disco – eine Art vulgärer und populärer Gegenentwurf zum Salsa.

Zur Timba lässt sich gut Salsa cubana tanzen. Die Musik entstand in den 90ern auf Kuba. Das Land musste sich in der massiven Wirtschaftskrise dem Tourismus öffnen, Menschen prostituierten sich in der Not. Die Timba war Ausdrucksmittel für diese Entwicklung. Beim ursprünglich sexuell aufgeladenen Tanz, wie er in der Schweiz kaum verbreitet ist, schüttelten die Frauen symbolisch die Brüste, die Tänzer rieben Brustkorb und Geschlechtsteile aneinander. Die Liedertexte kritisierten die neue Sexindustrie der 90er-Jahre auf Kuba. Einer der wichtigsten Timbavertreter ist der Sänger und Trompeter Alexander Abreu mit seinen Havana D'Primera. Er trat im Juni 2019 im Zürcher «Moods» auf. Es war nicht nur voll. Die Leute tanzten auch dazu.

DIE VERLORENE KULTUR

«IN UNSERE BAND STECKE ICH VIEL HERZBLUT»

Der Bassist **André Buser** stiess Ende der 90er-Jahre zur Salsaband Picason, zur ältesten Formation in der Schweiz. Inzwischen ist er deren Leader. Die Band spielte zuerst klassischen Salsa, dann Timba, einen modernen kubanischen Salsastil mit viel Bass, Einflüssen aus dem Funk und komplexen Rhythmuswechseln. Zu dieser Musik kann man gut Salsa cubana tanzen. Doch die Band hat nur noch wenige Auftritte. Von ihnen allein kann Buser nicht leben, er ist Dozent am Jazzcampus in Basel. Buser lebt mit seiner Familie in der Region Basel.

«Es ist schwierig, Auftrittsmöglichkeiten zu finden, die grosse Welle ist vorbei. Wir geben vielleicht knapp ein halbes Dutzend Konzerte pro Jahr. Manchmal kommen zu wenige Leute. Die Szene in Basel ist schwierig für Bands, vor allem für grössere Formationen wie Picason. Bei uns spielen nur wenige Latinos mit. Das mag einer der Gründe sein, warum uns die grösseren Festivals nur selten engagieren. Grosse Konzertveranstalter wollen eher kubanische als einheimische Bands. Diese können sie besser verkaufen. Oft wollen Veranstalter keine festen Gagen mehr zahlen, sondern einen Anteil am Eintritt. Immer häufiger möchten grosse Clubs kein Risiko mehr tragen. Ein Orchester wie wir mit 14 Musikern kann so nicht mehr mithalten. Bei uns spielen welche mit, die im Ausland leben. Denen müssen wir auch noch die Reise bezahlen.

Es ist ein Dilemma unserer Zeit: Man hat überall und immer Zugriff auf Musik. Es wird schwieriger, Junge an ein Konzert zu bringen. Das Konzertpublikum ist meist über 50. Ein Livekonzert ist aber einzigartig. Leider sehen das viele nicht mehr so.

Die Salsatanzszene ist eine ganz andere Welt. Ich bekomme oft Mails von Partyveranstaltern und Tanzfestivals. Das kommt mir manchmal vor wie Werbung für eine Soft-Erotik-Show, viel Haut, viel Laszives. Ich

Bassist André Buser in seinem Übungslokal in Muttenz

muss die Musik sogar bei Freunden verteidigen. Die Sexualisierung schadet ihr. Ich möchte der Musik einen anderen Stempel aufdrücken.

Wir proben nicht oft alle zusammen. So ist es dann halt nur die Rhythmusgruppe, oder die Bläser üben alleine. Die Identität der Gruppe ist aber trotzdem da, es gibt uns schon zu lange, als dass diese deswegen bröckeln würde. Wir üben meistens in Basel, die Musiker sind aber über die ganze Deutschschweiz verteilt, und unser Leadsänger lebt in Kopenhagen.

Zuerst habe ich nur Bass gespielt. Dann habe ich angefangen, die Arrangements anzupassen, und heute schreibe ich selbst Stücke. Am Anfang spielten wir eher klassischen kubanischen Son und Salsa, doch immer mehr rutschten wir in die kubanische Timba hinein. Es hat sich einfach so ergeben. Die Musik ist komplexer, kubanischer, eine Art Popmusik des Salsa. Timba finde ich perfekt zum Spielen, die Musik ist anspruchsvoll und gleichzeitig so leicht zum Tanzen. Es hat mehr Bässe, komplexere Rhythmen, das macht sie etwas moderner. Die Kubaner haben mit grossem Stolz die Timbabewegung entwickelt. Sie sind nicht in der Isolation versauert. Bei der Timba geht es um Weiterentwicklung, nicht um Stagnation. Der klassische Salsa stagniert eher.

Timba trifft den europäischen Nerv besser. Auch ist sie für uns Musiker interessanter. Salsa ist viel gleichförmiger, etwas geschniegelt, hat etwas Hochglanz, das Orchester trägt oft Anzüge, das kann befremden. Die Musik hat sich nicht so stark weiterentwickelt wie die Timba. Bei den Timbabands passiert viel mehr.

Für mich hat Picason einen grossen Platz im Leben, in das Projekt stecke ich viel Herzblut. Aufwand und Ertrag steht allerdings in keinem Verhältnis. Aber wenn wir auf der Bühne stehen und alles zusammenpasst, dann weiss ich wieder, warum ich das alles mache.»

«DIE SCHWEIZ IST KEIN SALSALAND»

Der Sänger und Perkussionist **Rodrigo Rodríguez** stammt aus Cartagena in Kolumbien. Er kam 1995 in die Schweiz und gründete hier wenig später mit Musikerkollegen die Salsaband Mercadonegro. Die Band hat vor allem im Ausland Erfolg. Rodríguez hat zahlreiche Konzerte in der ganzen Welt gegeben, so mit der kubanischen Sängerlegende Celia Cruz, mit Carlos Santana oder Eddi Palmieri. Er hat an der renommierten Escuela Superior de Bellas Artes de Cartagena studiert und ist verheiratet mit der Tänzerin Eylem Elena.

«Wir üben nur sehr wenig, einige Musiker leben in Frankreich, aber wir machen 50 bis 60 Konzerte im Jahr. Das heisst, wir kennen unsere Stücke durch und durch und können auch mal etwas riskieren. Das steigert die Dynamik. Wir sind eine Profiband.

Die meisten Konzerte geben wir im Ausland, hauptsächlich in Europa. Das Publikum interessierte sich immer für uns. Mit unseren drei Alben haben wir vor allem Erfolg in Frankreich und in Italien, aber auch in den USA. Mit dem neuen, dem vierten Album kommen wir erstaunlicherweise vorwiegend in Mexiko gut an. Wir spielten dort drei Mal. Zuerst zeigte sich das Publikum nicht so interessiert, aber wir gaben gute Konzerte, am Schluss war es begeistert.

Es ist ein grosser Unterschied, ob ich vor Schweizer oder lateinamerikanischem Publikum spiele. Einer der Gründe ist die Sprachbarriere. Es fällt mir leichter, die Spanisch Sprechenden im Publikum zu begeistern, weil sie unsere Texte und unsere Sprüche zwischen den Liedern verstehen. Die Menschen hier verstehen zwar die Musik, aber nicht die Sprache. Doch das ist für mich kein Problem. Ich spiele für beide Arten von Publikum gleich gern. In der Schweiz zu spielen, ist auch die grössere Herausforderung. Es ist für mich aber auch der grössere Erfolg, wenn ich die Leute hier begeistern kann.

Wir waren drei Musiker, die damals beim kubanischen Violinisten Alfredo De la Fé im Orchester spielten. Doch der ging zurück nach New York, und wir fragten uns: «Und, was sollen wir jetzt machen?» So gründeten wir Mercadonegro. Ein Produzent aus Lugano ermunterte uns dazu und nahm uns unter die Fittiche. Nun sind wir seit mehr als 20 Jahren zusammen, spielen Salsa dura, Salsa colombiana, Salsa cubana und puertoriqueña, aber auch New-York-Salsa.

Wir drei sind heute noch der Stamm der Band. Die anderen neun bis elf Musiker kommen und gehen, machen wieder etwas anderes. Sie stammen aus Venezuela, Kuba, Brasilien, Kolumbien und Italien. Wir haben es einmal mit einem Schweizer probiert. Es gibt so viele gute Musiker hier; Bläser, Posaunisten, Perkussionisten. Doch auch er hörte wieder auf. Das Wichtigste einer Band ist das Zusammenspiel der Musiker. Will man das hinkriegen, müssen sich alle voll konzentrieren.

Die erste Zeit in der Schweiz war nicht einfach. Ich habe viele Jobs gemacht, auch schlechte, habe geputzt oder als Zügelmann gearbeitet. Ja, selbst bei McDonald's war ich mal. Das ist nun anders. Jetzt kann ich von der Musik leben – aber nicht, weil ich Musiker bin, sondern weil ich ein Studio habe, in dem ich andere Bands produziere. Die Schweiz ist kein Salsaland.»

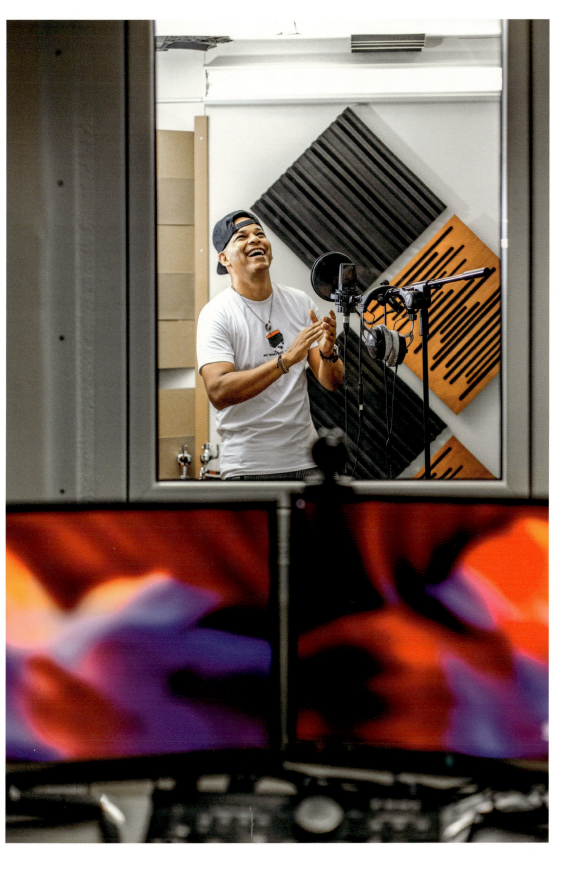

DIE ROLLE DER LATINOS

DIE ROLLE DER LATINOS

DIE TANZSZENE BRAUCHT EINE ETIKETTE

Der Mann beugt sich tief über die Tänzerin. Er ist dunkelhäutig mit nacktem und muskulösem Oberkörper. Unverkennbar: ein Latino. Ein wilder Mann, mit gekrausten Haaren, zwei silbernen Ohrringen im linken Ohr. Er hat lange Backenbarte, einen Schnauz und trägt eine knallenge, schneeweisse Hose. Sein rechtes Bein reibt sich an der Scham der Frau, die den Rücken weit nach hinten lehnt. Mit dem rechten Arm hält er die Frau dicht an sich. Die Schöne und das Biest. Es ist das Werbeplakat für eine Bachataparty im Zürcher Club Hardone.

Andere Szene: Ein Mann steht eng hinter einer Frau, legt von hinten den Arm um ihren Unterleib. Er trägt einen Hut mit Krempe, darunter sieht man knapp das Gesicht, dunkle Hautfarbe. Verruchter Typ. Auch hier unverkennbar: ein Latino. Die Frau ist dem Betrachter zugewandt, sie trägt ein knappes und schulterfreies Kleid, die Brüste drängen heraus. Ihre strähnigen langen Haare versuchen, die Haut etwas zu verdecken. Es ist ein Werbeplakat für den «Domingo Latino» im Coconuts Club in St. Gallen.

Latinomänner schmücken praktisch alle Plakate und Werbebanner zu Salsapartys und -workshops – meist zusammen mit einer weissen, ebenso aufreizenden Frau. Das lässt sich gut verkaufen. Kein Wunder, sagt die US-Tanzwissenschaftlerin Juliet McMains: Latinos gelten als warmherzig, sinnlich, leidenschaftliche Liebhaber. Sie spricht in diesem Zusammenhang von einem «positiven Stereotyp».

So spielt die Szene ihre besten Verkaufstrümpfe für den Salsa aus: Exotik und Erotik aus Lateinamerika. Oder eben: Sex sells. Wissenschaftler sind sich einig: Latinos verschafften der Szene die notwendige Authentizität. Mit Erotik und Fernweh lässt sich die gesamte Latin- und Salsawelt verkaufen. Symbole und Embleme aus Lateinamerika fliessen in Partys und Tanzkurse ein und üben eine Sogwirkung auf hiesige

Tänzerinnen und Tänzer aus. Salsaexpertin Melanie Haller: «Die Szene inszeniert sich mit Begriffen und Symbolen, die Authentizität schaffen sollen.» Salsatanzschulen tragen spanische Namen wie Bailamos Salsa, Bailadoro, Gozando Salsa. Die Partys heissen «Fiesta candela», «Salsavida» oder «Fiesta Sabor latino». An jeder «Noche cubano», einer kubanischen Salsaparty, hängt die kubanische Flagge an der Wand, DJs sind oft Latinos. An der Bar erhält man Cuba Libre oder Daiquiri.

Nur: Das ist vor allem Schein. Die kommerzielle Salsaszene hat sich komplett entfernt von der einstigen Tanzkultur aus Lateinamerika. Wissenschaftlerin Haller: «Die Salsakultur ist keine Reinkultur mehr, so wie sich die Szene inszeniert.» Der Salsa habe wenig mit den Tänzen zu tun, die Latinos aus ihrer Heimat kennen würden – ein einfacher Tanz, den man in der Familie, in der Küche oder auf der Strasse tanzt. «Der Tanz hat sich längst zur Unkenntlichkeit ausdifferenziert und vom Ursprung entfernt.» In Tanzschulen lernt man einen komplexen und sportlichen Salsa, mit vielen Drehungen, akrobatischen Einlagen und choreografischen Abfolgen, die man sich über Monate, wenn nicht gar über Jahre antrainieren muss. Spontane Improvisationen, wie Latinos sie auf den Strassen in der Heimat tanzen, haben kaum mehr Platz. Juliet McMains beobachtet dieses Phänomen ebenfalls: «Die Tanzszene hat sich aufgesplittert zwischen den Küchentänzern aus Lateinamerika und den Studiotänzern.»

Die Verlierer dieser kommerziellen Entwicklung sind die Latinos. Sie haben die Wahl. Entweder die Figuren in teuren Kursen zu lernen wie die Schweizer – obwohl ihnen diese Figurenbolzerei gegen den Strich geht. Oder sie sind raus aus der Szene. Kein Wunder, sieht man in den Tanzschulen fast ausschliesslich Schweizer Schüler oder eingewanderte Europäer, Deutsche, Engländer. Die Konsequenz: Latinos haben sich aus der Szene weitgehend abgemeldet, mit massiven Folgen für Veranstalter von Partys.

Ein Latino-DJ beobachtet: «80 bis 90 Prozent des Publikums an einer Salsaparty sind Schweizer.» Seit sich die Tanzschulen so stark entwickelt hätten, hätten sich auch die Latinos zurückgezogen – oder machten eigene Latinopartys unter sich. «Die Latinos hatten früher an den Partys mehr Chancen.» Frauen würden jetzt mehr erwarten: Figuren zu tanzen, die sie im Kurs gelernt haben. Latinos haben oft Mühe mit der

Salsasporttanzkultur, die sich etabliert hat. Sie möchten schwatzen, trinken, sich amüsieren – eben Party machen. Eine Salsapionierin sagt es so: «Es ist ihre Musik und ihre Kultur, und dennoch haben sich die Schweizer breitgemacht.» Wissenschaftlerin Juliet McMains spricht von zwei Gesellschaften in der Salsawelt: Es gibt diejenigen, die die Kultur zur Verfügung stellen, die Latinos – und die anderen, die sie konsumieren.

Allerdings: So manch ein Latino hat an dieser Entwicklung von der ersten Stunde an mitgearbeitet und konnte von diesen Stereotypen profitieren. Wissenschaftlerin Haller: «Viele Tanzlehrer stammen aus Südamerika, sind zum Teil vor politischen Bedrohungen geflohen.» In die Schweiz habe es grosse Migrationsströme gegeben. «Sie sahen, dass ihnen Salsa eine Möglichkeit gab, Geld zu verdienen.» Mehr noch: Mit Tanzschulen und Partys oder als DJs verbreiten sie die Stereotypen selbst, und sie verdienen ihren Lebensunterhalt damit. Tanzlehrer mit lateinamerikanischen Wurzeln lassen sich an Salsakongressen in New York oder Berlin weiterbilden, lehren ihre Schüler die komplexen Figuren – und entfernen sich damit immer mehr von ihrer eigenen Kultur. Sie sind Teil der Salsaindustrie geworden. Latinos prägen die Schweizer Salsaszene entscheidend mit. Eine grosse Zahl von Tanzschulen ist in ihren Händen. Längst nicht alle stammen aus einem Salsaland wie Puerto Rico, Kuba oder Kolumbien. So gibt es in Zürich mehrere Tanzschulen, die gebürtigen Chilenen gehören. Doch in Chile tanzen kaum mehr Leute Salsa als in der Schweiz. Chilenen müssen den Tanz ebenfalls von Grund auf lernen. Doch einem Latino traut man grundsätzlich mehr Salsakompetenz zu als einem Schweizer Tanzlehrer – es ist ja seine Kultur. Salsaexpertin Haller: «Die Latinos sind eine Referenzkultur geworden: Man erwartet automatisch, dass ein Latino Salsa tanzen kann.» Das sei absurd. McMains sieht allerdings einen grossen Vorteil dieser Entwicklung: «Die zentrale Rolle der Latinos in der Salsaindustrie hilft, den Tanz in der lateinamerikanischen Kultur zu verwurzeln, selbst wenn die Latinos die Techniken des Tanzunterrichts und die Geschäftsmodelle der Tanzindustrie entliehen haben.»

Diejenigen, die es geschafft haben, mussten allerdings viele Hürden überwinden: die fremde Sprache oder den Umgang mit den Behörden, die hier anders funktionieren als in vielen lateinamerikanischen Ländern.

Für jede Party und für jedes Salsakonzert braucht es eine Bewilligung mit Formularen. Die Strukturen sind anders, man muss Quellensteuer und Mehrwertsteuer abrechnen. Dazu kommt der soziale und kulturelle Schock. Beziehungen zwischen Mann und Frau und auch innerhalb der Familien gestalten sich unterschiedlich, ebenso die Eigenheiten der Berufswelt. Kurz, Immigranten aus Lateinamerika mussten ein neues Leben beginnen, ein schweizerisches, sich vollständig adaptieren. Der kubanische Tanzlehrer Arnaldo Rippes, der 1998 in die Schweiz kam, schildert seine Anfangszeit so: «Es war sehr wichtig, mich zu integrieren. Ich wollte nicht, dass sich die Schweizer mir anpassen. Es war wichtig für mich zu sagen: Ich wohne hier. Mein anderes Ich, das ich von Kuba mitbrachte, musste ich deshalb sterben lassen, ich musste bei null anfangen. Das hiess: Ich fühlte mich wie ein kleines Kind, das laufen lernt. Es war für mich einfach sehr bequem zu sagen: Der Arnaldo, der du warst, der in den Strassen von San Miguel in Havanna tanzte – dieser Arnaldo existiert nicht mehr. Es stimmte zu 100 Prozent. Es hiess aber auch, viel zu lernen: die Art, wie die Menschen hier kommunizieren, die Art, wie die Menschen denken. Ich musste das Klima akzeptieren, besser gesagt das Klima überleben. Ich wog damals 57 Kilogramm. Im Winter war ich sehr viel krank, war immer stark erkältet. Ich musste lernen, wie ich mich anziehe. Die Mäntel waren mir zu schwer. Ich konnte nicht so viele Kleider tragen. Hier trägt man im Winter ein Unterleibchen, dann ein Hemd, darüber einen Pullover, dann eine Jacke... alles aus einem anderen Stoff. Das musste ich mir alles aneignen. Wie ein kleines Kind. Was ich nie tat und auch jetzt nicht tue: mein jetziges Leben mit dem alten vergleichen.»

Kommt dazu: Immigranten aus Lateinamerika mussten sich gegen «negative Stereotypen» behaupten wie «Unzuverlässigkeit» oder «Unpünktlichkeit». Ein leidiges und komplexes Thema, weil es um Vorurteile gehe, sagt Johannes Kabatek, Professor an der Universität Zürich und Leiter des dortigen Lateinamerika-Zentrums. Alle Aussagen seien grundsätzlich abzulehnen, die Latinos in einen Topf werfen würden. Sie seien zu verschieden. Unter diesem Begriff befänden sich Menschen aus den Anden, aber auch Argentinier mit italienischen Wurzeln. Kommt dazu: «Viele Latinos in der Schweiz sind sowohl Latinos als auch Schweizer. Es gibt alle möglichen Grade der Integration.»

Dennoch: Wer sich nicht von solchen Stereotypen befreien oder sich zu wenig adaptieren konnte, war verloren. Unbestritten ist: Viele Tanzlehrer aus Lateinamerika gaben wieder auf. Eine Tanzlehrerin sagt: «Mit Latinos zusammenzuarbeiten, war oft schwierig. Irgendwann ging es einfach nicht mehr.»

Ich besuchte einmal einen Kurs in einem Gemeindehaus eines Dorfes am Zürichsee. Der Tanzlehrer, ein Kubaner, war mir bestens bekannt. Er zeigte sein Können immer wieder in Shows bei grossen Partys. Deshalb ging ich hin. Doch an jenem Abend kam er viel zu spät zum Unterricht – und war stark angetrunken. Er war nicht mehr in der Lage, auf die Schüler einzugehen, der Unterricht stürzte ab. Ich sah ihn nie wieder auftreten.

«ZWISCHEN LATINOS UND SCHWEIZERN GIBT ES EINE KLUFT»

Giovanni Cruze ist einer der beliebtesten Salsa-DJs in der Schweiz. Der Zuger legt überall auf, unter anderem in der Zuger Männerbadi oder auf dem Zuger Salsaschiff. Er kam 1999 aus Quito in Ecuador in die Schweiz und hat einen erwachsenen Sohn, der in Mailand studiert, «was mich sehr stolz macht». Cruze kann nicht verstehen, warum der Salsatanz hier zu einem Sport verkommt.

«Ich habe schon früh Disziplin gelernt: In meiner Heimat, in Quito, arbeitete ich als Polizist. Das kam mir in der Schweiz zugute, denn der Anfang hier gestaltete sich als schwierig. Ich fand zwar schnell Arbeit, aber alles war anders. An die Schweizer Mentalität musste ich mich erst gewöhnen. In Lateinamerika ist der «Machismo» stark vertreten. Hier sind die Frauen emanzipiert. Dies musste ich lernen zu akzeptieren und zu respektieren. Längst habe ich mich eingelebt und integriert, mittlerweile habe ich sogar eine Ausbildung gemacht.

Auch in der Salsawelt gibt es eine Kluft zwischen Latinos und Schweizern. Letztere wollen ganz genau tanzen und die Figuren wiederholen, die sie gelernt haben. Sie machen aus dem Tanz einen Wettbewerb, wollen immer besser und perfekter werden. Der Tanz wird so zum Konkurrenzkampf. Dazu tragen auch die Lehrer bei, die eine perfekte Show auf der Tanzfläche abziehen. Ich tanze nicht so gut Salsa. Manchmal denken die Frauen, weil ich Latino sei, müsse ich dies besonders gut können. Ich muss mich dann erklären.

Viele Tänzerinnen und Tänzer interessieren sich nicht für die Kultur, sie sehen im Salsa eine Art Fitnessprogramm. Sie kommen in den Club, als ob sie Tennis spielen gehen würden. Sie tragen Sportkleider. Ich kenne Leute, die kommen mit einem Rucksack an die Party. In jeder Aussentasche steckt eine Flasche Wasser, drinnen ein Frotteetuch und zwei

T-Shirts zum Wechseln. Wenn wir Latinos an eine Party gehen, sind wir immer elegant gekleidet.

Einmal habe ich mit einer Frau getanzt und versucht, mit ihr etwas zu plaudern. Ich fragte sie, ob sie schon lange tanze. Sie antwortete: «Ich habe 15 Franken bezahlt, um die ganze Nacht zu tanzen und nicht um zu reden.» Das ist weit entfernt von der Kultur der Latinos. Deshalb sieht man sie weniger an Partys. Die Stimmung ist für uns komisch. Frauen wollen vor allem tanzen, drei, vier Stunden lang. Sie wollen schwitzen und sich verausgaben. Dann gehen sie nach Hause und schlafen gut. Sie wollen nicht reden oder sich amüsieren. Ein anderes Mal fragte ich eine Tänzerin, warum sie kein Bier trinke oder keinen Cuba Libre. Sie sagte, sie spüre das im Kopf, dann könne sie nicht mehr so gut drehen. Das haute mich fast um. Bei uns Latinos geht es eben auch darum, sich neben dem Tanzen auszutauschen, zu trinken und die Musik zu hören.

Die Frauen sind zurückhaltend. Sie trauen sich oft nicht, mit Latinos zu tanzen. Sie haben zu viele Geschichten gehört. Oder in Lateinamerika auf einer Reise negative Erfahrungen gesammelt. Ich habe mal einer Tanzlehrerin zugehört, als sie ihre Schülerinnen anwies, beim Tanzen Distanz zum Partner zu schaffen. Es seien vor allem Latinos, die diese Distanz immer wieder unterschreiten würden. Ich fragte sie, warum sie solche Dinge sage. Sie antwortete, sie wolle nicht, dass ihre Schülerinnen wegen der Latinos die Freude am Tanzen verlieren würden. Solche Aussagen schüren Vorurteile. »

DIE ROLLE DER LATINOS

DER LETZTE TANZ MIT MUISCA

Das Leben von Muisca und mir war voll von Salsa. Wir gingen mindestens an zwei Abenden in der Woche tanzen, an Kurse oder an Partys. Manchmal fuhren wir quer durch die Schweiz, um ein Salsakonzert zu besuchen. Zu Hause hörten wir bereits beim Frühstück Salsa. Und dann wieder nach dem Feierabend. Wir analysierten die Musik oder tanzten dazu. Wir räumten im Wohnzimmer die Sessel weg und übten in den Socken auf dem Parkett die Figuren. Dann liessen wir uns erschöpft auf das Sofa fallen. Salsa war unser Leben, unser Elixier. Bei Treffen ihrer Familie forderte man uns auf vorzutanzen. «Ich bin doch kein Tanzbär», brummelte ich jeweils. Natürlich war mir bewusst, wie wichtig das Tanzen für ihre Kultur war.

Doch der Alltag jenseits dieser Salsatraumwelt war schwierig. Diese zwei Welten hatten nichts miteinander zu tun, waren zwei entgegengesetzte Pole, farbig der eine und schwarzweiss der andere. Die Salsawelt erlebte ich manchmal wie einen Drogenrausch. Euphorisierend, dann kam der kalte Entzug. Wir beide hatten Jobs und arbeiteten hart fürs Geld, Muisca oft auch an den Wochenenden und in Nachtschichten. Wir sahen uns erst spät am Abend oder gar nicht. Wir mussten uns im Alltag wieder kennenlernen, als Paar neu erfinden. Muisca sagte mir manchmal, sie habe zu wenig Vertrauen zu mir. Dann war ich für sie einfach einer jener Salsamänner, die eine Nacht lang Frauen zum Tanzen auffordern. Einmal meinte sie: «Ein Salsalied reicht nicht, um mit jemandem durchs Leben zu tanzen.»

Wir verstanden oft nicht, was der andere sagte. Auch nicht, was der andere meinte. Die Stimmung konnte rasch kippen. Wir waren beide stolz und hatten Temperament. Muisca sagte: «Wir sind uns zu ähnlich.» Mein grösstes Handicap: Ich konnte nur ein paar Brocken Spanisch. Was ich früher einmal gelernt hatte, war weg, vergessen. Es gab Momente, da dachte ich, alles sei lediglich ein Problem der Sprache. Doch dann ertappte ich mich auch dabei, dass ich glaubte, es sei wegen der unterschiedlichen Kultur, weil Muisca eben in Lateinamerika aufgewachsen und ich der Helvetiker war. Es entfuhr mir: «Du bist eine typische Latina.» Dann wurde sie zornig. Noch nie im Leben habe sie jemand wegen ihrer Herkunft beurteilt, sondern immer nur als Mensch. Es gebe keine Latinos, sondern unterschiedliche Menschen aus Chile, Kolumbien oder Ecuador. Natürlich hatte sie Recht. Es gibt ja auch keine Schweizer. Aber für mich hatte der Begriff Latina etwas Versöhnliches. Einem Menschen mit anderen Wurzeln kann ich eher verzeihen als einem Schweizer, wenn er sich nicht so verhält, wie ich das erwarte. Das Fremde lässt mich toleranter und ruhiger werden. Oft endete unser Konflikt so abrupt, wie er begonnen hatte. Ich nahm Muisca in die Arme, dann tanzten wir.

Muisca und ich führten eine konservative und traditionelle Beziehung, fokussiert auf uns zwei. Ich war das nicht gewohnt, doch ich spürte, sie wollte das so. Ich strich Kontakte zu Kolleginnen und Kollegen, ging am Abend nicht mehr weg. Das machte mir aber nichts aus. Das war es mir wert, weil die zärtlichen und harmonischen Momente mit ihr so innig waren. Wenn sie Schicht arbeitete, holte ich sie mit dem Auto von der Arbeit ab oder brachte sie am nächsten Tag in aller Früh wieder hin. Nach dem Spätdienst kochte ich eine Suppe oder etwas Gemüse. Ein Immigrant aus Bolivien, der seit vielen Jahren in der Schweiz lebt, sagte mir einmal, eine gemischte Partnerschaft funktioniere eher, wenn der Mann Schweizer sei und die Frau Latina. «Das klappt besser als umgekehrt.» Latinafrauen seien oft dominant, Schweizer Männer hingegen ruhiger und weniger Macho als Latinos. «Das sind Klischees, aber sie treffen oft zu.»

Im Gegenzug setzte Muisca für die Liebe zu mir sehr vieles aufs Spiel. Ohne Rücksicht auf Verluste. Auch sie bekochte mich häufig, oft mit einer Note aus ihrer Heimat: Suppen mit Kartoffeln und Eintöpfe mit Poulet oder Fisch, dazu viel frischer Koriander. Empanadas waren für mich das Festessen.

Ich versuchte, Strukturen in unseren Alltag zu bringen, etwas im Voraus zu planen, doch fast immer vergeblich. Wir waren zu unterschiedlich. Muisca entschied meist kurzfristig. Ich wusste oft erst am Tag zuvor, ob und wann sie arbeitete. Ein Salsapionier sagte einmal, Latinos würden eher in der Gegenwart, Europäer in der Vergangenheit und in der Zukunft leben. Vermutlich wiederum so ein Klischee, das stimmt. Wenn wir einen Konflikt hatten, ging Muisca weg. Drei, vier Tage lang. Ich konnte sie dann nicht mehr erreichen, weder per Telefon noch über Kurznachrichten. Ich wusste aber immer, wo sie war. Dann kam sie wieder, und alles war gut.

Manchmal, wenn ich zu eifersüchtig reagierte, sagte sie zu mir, ich sei schlimmer als jeder Latino. Wenn ich hingegen einer Frau zu lange beim Tanzen zuschaute, zog sie sich zurück, sprach einen Tag nicht mehr mit mir. Wenn wir uns wieder beruhigt hatten, sagten wir: «Wir müssen ruhiger werden.» Wir weinten auch immer wieder, weil wir nicht wussten, ob wir es zusammen schaffen würden. Wir schafften es nicht. Die Monate verstrichen, Muisca blieb immer länger weg. Dann kam sie nicht mehr zurück.

Wir haben die Salsawelt überlebt.
Doch das Leben ist kein Salsalied.

AUTOR

Der Zürcher Journalist Tobias Frey (*1962) erlebte die gesellschaftliche, kulturelle und politische Umwandlung des puritanischen Zürich in den 80er-Jahren hautnah mit. Damals kam er in Kontakt mit den ersten Salsabands der Schweiz. Der Salsa hat ihn nicht mehr losgelassen, bis heute ist er begeisterter Salsatänzer.

Tobias Frey studierte an der Universität Zürich Biologie und promovierte anschliessend in Biochemie. Am Medienausbildungszentrum (MAZ) in Luzern liess er sich zum Journalisten ausbilden. Kurz darauf war er Medizinredaktor bei der «Weltwoche», später beim «Tages-Anzeiger». Seit über 20 Jahren leitet er die Redaktion des Gesundheitsmagazins «Gesundheitstipp».

DANK

Mein grösster Dank geht an Muisca, für ihre Liebe, für die unvergesslichen gemeinsamen Salsaerlebnisse und die vielen Salsagespräche am Küchentisch. Sie haben das Buch in Fahrt gebracht. Ein riesiges Dankeschön schulde ich allen Tänzern, DJs und Musikern, die mit ihrer Offenheit dieser Salsageschichte das Profil verleihen. Ein grosser Dank geht an die Fotografin Linda Pollari, an Freund und Grafiker Christian Vuillemin sowie an den Stämpfli Verlag, die aus dem Rohstoff ein so tolles Buch gemacht haben.

LITERATUR

Beggan James K. und Scott Pruitt Allison: Leading, following and Sexism in Social Dance: Change of Meaning as Contained Secondary Adjustments. In: Routledge Handbook of Leisure Studies, Taylor & Francis, 2013.

Boulila Stefanie Claudine: Straight(ening) Salsa? The heterosexual matrix, romance and disciplinary spaces. In: Routledge Handbook of Leisure Studies, Taylor & Francis, 2019.

Esser Torsten und Frölicher Patrik: «Alles in meinem Dasein ist Musik ...» Kubanische Musik von Rumba bis Techno. Iberoamericana Vervuert Verlag, 2004.

Hutchinson Sidney: Salsa World: A Global Dance in Local Contexts. Temple University Press, 2014.

Klein Gabriele und Haller Melanie: Café Buenos Aires und Galeria del Latino. Zur Translokalität und Hybridität städtischer Tanzkulturen. In: Bewegungsraum und Stadtkultur. Sozial- und kulturwissenschaftliche Perspektiven. Herausgegeben von Jürgen Funke-Wieneke und Gabriele Klein. Transcript Verlag Bielefeld, 2008.

McMains Juliet: Dancing Latin/Latin Dancing. Salsa and Dance Sport. In: Ballroom, Boogie, Shimmy, Sham, Shake. A Social and Popular Dance Reader. Herausgegeben von Julie Malnig. University of Illinois Press, 2008.

McMains Juliet: «Hot» Latin Dance. Ethnic Identity and Stereotype. In: The Oxford Handbook of Dance and Ethnicity. Herausgegeben von Anthony Shay und Barbara Sellers-Young. Oxford University Press, 2016.

McMains Juliet: Spinning Mambo into Salsa. Caribbean Dance in Global Commerce. Oxford University Press, 2015.

Vagt-Kessler Silke: Tanzen in der Salsa-Szene. Dissertation, Sporthochschule Köln, 2010.

Publiziert mit freundlicher Unterstützung von
Muévete – Salsaclub & Tanzschule, Bern
sowie von allen anderen Sponsoren, von deren
Unterstützung wir erst nach der Drucklegung
erfahren haben.

Der Stämpfli Verlag wird vom Bundesamt für Kultur
für die Jahre 2021–2024 unterstützt.

IMPRESSUM

Bibliografische Information der
Deutschen Nationalbibliothek: www.dnb.de

© 2021
Stämpfli Verlag AG, Bern
www.staempfliverlag.com

Fotos Inhalt: Linda Pollari, Zürich, www.lindapollari.com
Bild Umschlag: Igor Borodin, www.shutterstock.com
Lektorat: Benita Schnidrig, Stämpfli Verlag AG
Gestaltung: Christian Vuillemin, Zürich, www.ch-v.ch

Die Weiterverwendung von Abbildungen und Texten ist
ohne ausdrückliche Erlaubnis des Verlags nicht gestattet.

ISBN 978-3-7272-6086-5